新3観点

保護者の信頼を得る

通知表所見の書き方＆文例集

小学校
高学年

田中耕治 編著

日本標準

はじめに

本来，通知表とは，学校と家庭との連絡を行う数ある方法のひとつであり，教師と保護者が共同して，子どもたちの学習と生きる力を励ます共通の広場を提供するものです。そのために，通知表には狭義の学習記録だけでなく，「総合所見」欄や生活状況に関する項目も設定されています。

学習の記録欄においては，今般の学習指導要領がめざそうとしている「資質・能力の３本柱（「知識及び技能」「思考力，判断力，表現力等」「学びに向かう力，人間性等」）」に則して，新指導要録においては，３観点（「知識・技能」「思考・判断・表現」「主体的に学習に取り組む態度」）に整理されました。そして，学習評価は，引き続き，すべての子どもたちの学力の保障をめざす「目標に準拠した評価」で実施すべきとされています。

他方，「所見」欄は「個人内評価」を実施することが求められ，子どもたちの学習集団や生活集団における姿を全体的・発達的に生き生きと記述する必要があります。「目標に準拠した評価」には示しきれなかった子どものがんばりや魅力も記述することが大切になります。そこには，教師の子どもたちへの成長や発達の願いが込められることになります。

本書で示される所見の「書き方」や「文例」を参考にして，また工夫をこらして，子どもたちの学習と生きる力を励ますメッセージになることを期待します。

2020年6月

田中耕治

目　次

第3章　教　科

第1章

新3観点評価と通知表所見のあり方

1. 資質・能力ベースになった学習指導要領で求められていること
2. 新3観点による評価のあり方
3. 通知表のあり方と所見の記入

1. 資質・能力ベースになった学習指導要領で求められていること

周知のように，学校教育において「資質・能力」という言葉が多用され始めるのは，PISA2003年実施の調査結果を受けて，とりわけ「読解力不振（OECD平均程度）」が注視され始めた頃です。この結果に危機感をもった文部科学省によるPISA型読解力向上プログラム政策が功を奏したのでしょうか，PISA型読解力の順位は，14位（2003年）→15位（2006年）→8位（2009年）→4位（2012年）→8位（2015年）となり，V字回復を果たしました。しかしながら，直近の2018年に実施されたPISA調査では，15位となり，全国紙の一面トップで「読解力続落（『朝日新聞』2019年12月4日付）」「読解力急落（『毎日新聞』『読売新聞』2019年12月4日付）」という言葉が躍りました。

さて，そもそもPISA型読解力とはどのようなものでしょうか。2005年12月に文部科学省から発出された「読解力向上プログラム」には，その特徴が傍線（波線は筆者加筆）を付して以下のように的確に規定されています[(1)]。

①テキストに書かれた「情報の取り出し」だけではなく，「理解・評価」（解釈・熟考）も含んでいること。

②テキストをたんに「読む」だけではなく，テキストを利用したり，テキストに基づいて自分の意見を論じたりするなどの「活用」も含んでいること。

③テキストの「内容」だけではなく，構造・形式や表現法も，評価すべき対象となること。

④テキストには，文学的文章や説明的文章などの「連続型テキスト」だけではなく，図，グラフ，表などの「非連続型テキスト」を含んでいること。

①②の傍線にあるように，従来のように「情報の取り出し」や「読む」だけではなく，「理解・評価（解釈・熟考）」や「活用」も含むとされ，PISA型読解力（広くリテラシーと呼称）は一般に「活用力」と称されるようになります。ただし，波線で示した「だけではなく」と表現されているように，従来の読解力指導を全否定するものではないことに注意しておきたいと思います。

PISA型読解力とは，「情報の取り出し」「解釈（後に「理解する」と変更）」「熟考・評価」の3要素で構成され，とりわけ，PISA型読解力の典型とされる「熟考・評価」とは，テキストの内容とともに形式であって，読み手に外部の知識を使って，テキストへの賛否について根拠を明確にして批評するように求める，まさしく質の高い学力です。この「熟考・評価」を試すテスト問題が，PISA2000で採用された「贈り物」問題であって，それを参考に作成されたのが2007年度に実施された全国学力・学習状況調査「中学校国語B」における「蜘蛛の糸」です。以下，要約的に示してみましょう（表1参照）。

表1　学力調査における問いの比較

PISA2000における「贈り物」問題	2007年度全国学力・学習状況調査「中学校国語B」における「蜘蛛の糸」問題
「贈り物」の最後の文が，このような文で終わるのは適切だと思いますか。最後の文が物語の内容とどのように関連しているかを示して，あなたの答えを説明してください。	中学生の中山さんと木村さんは，以前に読んだ「蜘蛛の糸」は，「三」の場面が省略されていたことを思い出しました。[中略] あなたは，中山さん（省略なし賛成），木村さん（省略なし反対）のどちらの考えに賛成しますか。どちらか一人を選び，[中略] あなたがそのように考える理由を書きなさい。

出典：国立教育政策研究所監訳『PISAの問題できるかな？－OECD生徒の学習到達度調査』明石書店，2010年，および国立教育政策研究所教育課程研究センター「全国学力・学習状況調査」（http://www.nier.go.jp/tyousa/07mondai_chuu_kokugo_b.pdf　2020年6月1日確認）より作成。

このようにみてくると，PISAで求められている学力の質は，かなり高度なものと考えてよいでしょう。このことを念頭に，さらには国際的な学習科学の成果を反映して，国立教育政策研究所が2015年に，今後の学力モデルとして「21 世紀型能力」と呼称し，それを 3 層〈基礎力，思考力，実践力〉として構造化しました(2)。この方向性をブラッシュアップした形で，2017 年改訂の学習指導要領においては，「生きて働く知識・技能の習得」「思考力・判断力・表現力等の育成」「学びに向かう力・人間性等の涵養」の 3 つの柱で教育目標を示し，授業と評価のあり方を方向づけたのです（図 1）。このような動向は「資質・能力（コンピテンシー）・ベース」な改革と総称されます。

図 1　学習指導要領改訂の方向性

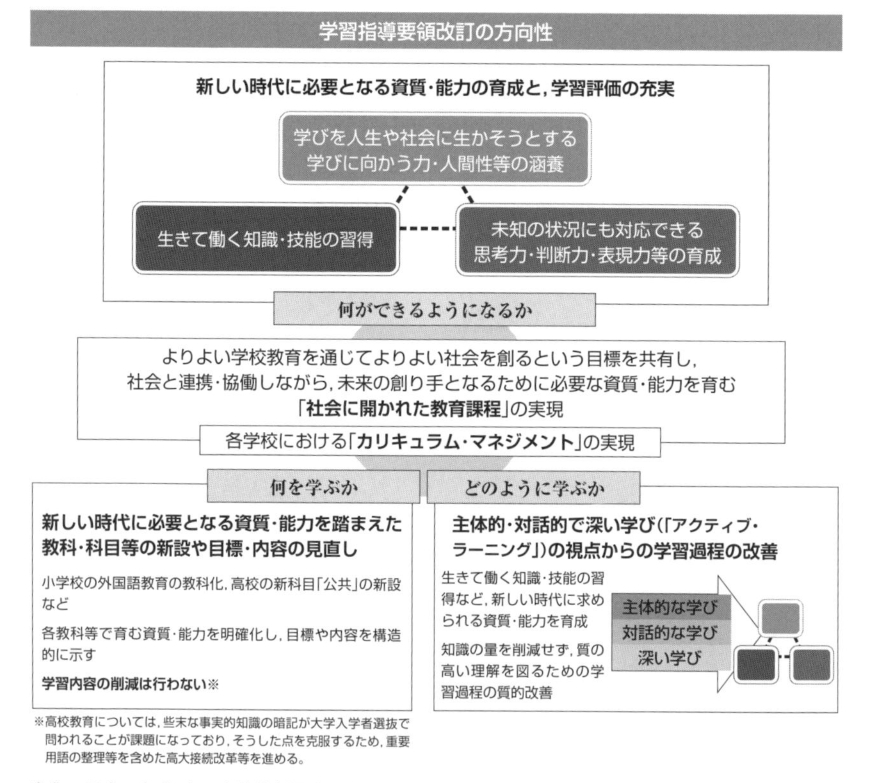

出典：平成29年度 小・中学校新教育課程説明会（中央説明会）における文部科学省説明資料（https://www.mext.go.jp/a_menu/shotou/new-cs/__icsFiles/afieldfile/2017/09/28/1396716_1.pdf　2020 年 6 月 1 日確認）より作成。

2. 新３観点による評価のあり方

1 新３観点と評価の基本構造

以上のように，2017年改訂の学習指導要領において，めざすべき「資質・能力」が３つの柱で示されることになりました。この改訂を受けて，指導要録の公的文書として，2019年１月に「児童生徒の学習評価の在り方について（報告）」が公表され，３月に「小学校，中学校，高等学校及び特別支援学校等における児童生徒の学習評価及び指導要録の改善等について（通知）」が発出されました[3]。そこでは，従来の観点別学習評価の４つの観点（「知識・理解」「技能」「思考・判断・表現」「関心・意欲・態度」）が，「資質・能力」の３つの柱に対応して，３つの観点（「知識・技能」「思考・判断・表現」「主体的に学習に取り組む態度」）に整理されています。

そもそも，観点別学習評価でいう「観点」とは，従来から教育方法学で探究されてきた学力モデルの要素にあたり，学力の能力的側面を示すものです。アメリカにおいては，ブルーム（Bloom, B. S.）たちが開発した「教育目標の分類学（タキソノミー）」に該当するでしょう。たとえば,「三権分立」という教育内容を教えた場合，子どもたちにどのような能力や行動を期待するのかを明示しようとするものです。たとえば，「三権の名前を暗記する」（「知識・技能」）レベルから「三権分立がなかった時代はどのような時代かを考え，発表する」（「思考・判断・表現」）レベルまであるでしょう。この観点別学習評価は，2000年の改訂指導要録において，学力保障をめざす「目標に準拠した評価」が全面的に採用されたことによって注目されるようになったものです。まずは，国立教育政策研究所が，この度の指導要録における学習評価の基本構造を明確に示している図２を示しておきましょう。

図２　学習評価の基本構造

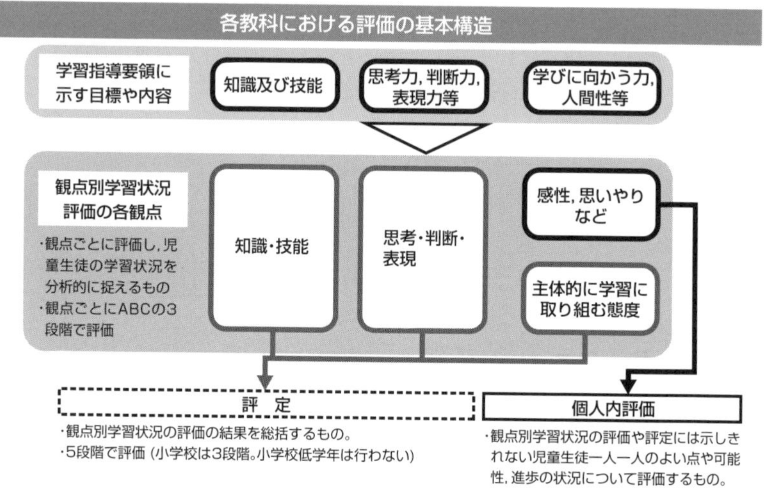

（注）各教科における評価は，学習指導要領に示す各教科の目標や内容に照らして学習状況を評価するもの（目標準拠評価）。したがって，目標準拠評価は，集団内での相対的な位置付けを評価するいわゆる相対評価とは異なる。
出典：国立教育政策研究所『学習評価の在り方ハンドブック小・中学校編』2019 年，p. 6 より作成。

2　多様な評価方法と評価計画

ところで，2000 年に観点別学習評価が注目されるようになったにもかかわらず，教育現場においては必ずしも所期の目的を達していないという実情があります(4)。その理由は多岐にわたると思われますが，その大きな要因のひとつは，めざすべき学力や教育目標に対応する評価方法（カリキュラム適合性，図３参照）の開発が遅れていることにあるでしょう。「知識・技能」を再生するのみのペーパーテストに依存するだけでは，「思考・判断・表現」を求める探究型の授業展開には対応できません。子どもたちにとっても，「知識・技能」を中心とするペーパーテストのみを課されるとなると，探究型の授業自体を否定することにもなりかねません。紙幅の制約で具体例を省略しますが，「思考・判断・表現」を評価する方法として，最近パフォーマンス評価の研究や開発が進みつつあります。また，「主体的に学習に取り組む態度」を評価する方法として，あらためてポート

図３　学力評価の方法

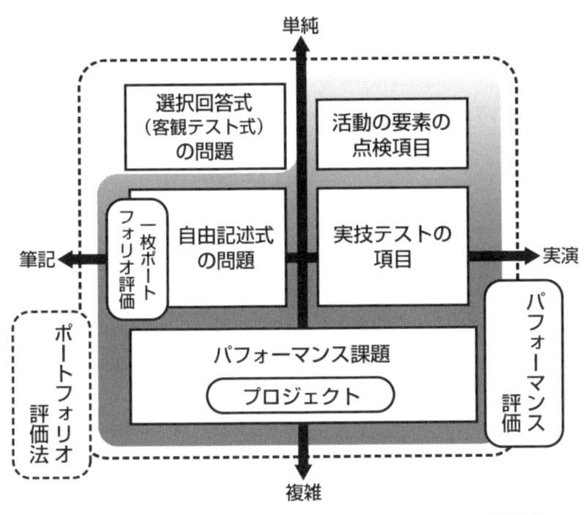

出典：西岡加名恵『教科と総合学習のカリキュラム設計』図書文化，2016年より作成（一部省略）。

フォリオ評価が注目されています。さらには，パフォーマンス評価やポートフォリオ評価の信頼性を確保するために，ルーブリック（評価指標）が教師たちのモデレーションによって開発されています[(5)]。

このように３観点を多様な評価法ではかることになると，教育現場では，ある種の「評価疲れ」に陥るのではないかという危惧が生まれることでしょう。もとより，１時間の授業で３観点すべてを評価する必要はありません。明らかに３観点の波長は異なり，おそらく１単元（または１題材）単位で評価することが求められるでしょう。このように長期波動で観点をさまざまな評価方法を駆使して評価することになると，やはり授業計画とともに評価計画を立てる必要があります。

この評価計画を立てるに際して，貴重な提案を行っているのは，ウィギンズ（Wiggins, G.）が創発した「逆向き設計」論です。「逆向き設計」とは，以下のような要素と順序によってカリキュラムを設計することです。

〈逆向きの設計のプロセス〉
「求めている結果を明確にする」（教育目標の明確化）
↓
「承認できる証拠を決定する」（評価方法の選択・開発）
↓
「学習経験と指導を計画する」（授業の計画）

この場合，「逆向き」と称されるのは，従来の慣行とは異なって，その設計プロセスがまずは「求めている結果を明確にする」と「承認できる証拠を決定する」を決めたうえで，「学習経験と指導を計画する」という，達成すべき成果とそれをはかる評価方法からカリキュラムを構想するからです。この「逆向き設計」論も日本の教育実践に貴重な示唆を与え，精力的に実践されるようになっています[6]。

3. 通知表のあり方と所見の記入

そもそも，通知表とは，学校と家庭との連絡を行う数ある方法（学級通信や家庭訪問など）のひとつであり，教師と保護者が共同して，子どもたちの学習と生きる力を励ますフォーラム（共通の広場）を提供するものです。そのために，通知表には狭義の学習記録だけでなく，「総合所見」欄や生活状況に関する項目も設定されています[7]。

とりわけ，「所見」欄は個人内評価を実施することが求められ，子どもたちの学習・生活集団場面での姿を全体的・発達的に記述・評価する必要があります。たとえ，目標に準拠した評価では振るわなかった子どもでも，その子どものがんばりや魅力も記述・評価することによって，それこそ子どもたちにとって学校は安全，安心な居場所となることが期待できるでしょう。

（田中耕治）

(1) 文部科学省『読解力向上に関する指導資料 PISA 調査（読解力）の結果分析と改善の方向』東洋館出版社，2006 年。
(2) 高口務〈国立教育政策研究所教育課程研究センター長〉『資質・能力を育成する教育課程のあり方に関する研究報告書 1』2015 年 3 月参照。
(3) 石井英真，西岡加名恵，田中耕治編著『小学校 新指導要録改訂のポイント』日本標準，2019 年参照。
(4) 文部科学省委託調査『学習指導と学習評価に対する意識調査報告書』浜銀総合研究所，2018 年 1 月参照。
(5) 西岡加名恵，石井英真編著『教科の「深い学び」を実現するパフォーマンス評価——「見方・考え方」をどう育てるか』日本標準，2019 年参照。
(6) 奥村好美，西岡加名恵編著『「逆向き設計」実践ガイドブック』日本標準，2020 年参照。
(7) 田中耕治『教育評価』岩波書店，2008 年の第 6 章参照。

第2章

高学年の所見の書き方とポイント

1 高学年の所見の書き方とポイント

1 所見に書く事柄

(1) 説明責任と学期・学年の学習状況

「うちの子は，学期（学年）に，学校でどんな学力を身につけ，行動がどう成長したのか」――これが保護者の関心です。また，学校が保護者に対して負う責任です。通知表は保護者に対して，学校の責任で目標を立てて指導した成果を報告する文書です。保護者が子どもと一緒に学習・行動の進歩を確かめ，これからの学習への意欲と見通しをもつ手がかりになる資料でもあります。

通知表で伝えたい学習状況のとくに大事な点について，具体的な事実を短く表したものが所見です。該当する学期の学習・行動の，目標に照らしたまとめの評価で，最も向上・進歩したポイントを書くようにします。

(2) 学習・行動の目標に準拠した評価と所見

通知表の「観点別学習状況」欄や「評定」欄は，目標にどれだけ達したかを，目標に準拠した評価によって短い言葉や記号，数字などで表しています。しかし，それらだけでは，学習に取り組んでいる子どもの姿は見えにくいのではないでしょうか。「観点別学習状況」欄や「評定」欄で伝えきれない子どもの様子を，所見が補って伝えるという関係があるのです。

学期（学年）で，子どもがいちばん伸びた教科や学習事項，行動の様子を取り上げて，所見に書くようにします。なぜかというと，子どもの最も向上した点を認めることが，評価のポイントだからです。

そうかといって，ただほめればよいのではありません。確かな評価を背景にした事実でなければなりません。教師も，子どもも，保護者も納得できる所見こそ，今後の子どもの成長にはたらくことになるのです。

2 補助簿の生かし方

ここでいう「補助簿」は，ペーパーテストの結果や子どもを観察した事実の記録だけでなく，週案，計画表とその実施記録，子どもの学習のファイル（ポートフォリオ）や作品など，評価に結びつく資料全体を指します。

これらを生かし，次の２点を押さえて所見を書くとよいでしょう。

(1) 漠然とした印象でなく，子どもの進歩した面をとらえる

記憶や印象によって，漠然と「積極的に話す子」「体育が苦手な子」などととらえてはいけません。その子が目標に到達した度合いをとらえるのです。その様子を補助簿にメモしておき，所見に生かします。

目標に準拠した評価では満足できない姿であっても，個人内評価で向上した面であれば，所見に取り上げる価値があります。

(2) 資料を生かした「課題」への対応を工夫する

ある子どもの学習状況が，教師の満足にかなり遠いことがあります。それが，学習・行動上の「課題」です。課題を所見に書くのは，ためらうでしょう。子どもが大人になっても残る通知表に，「だめでした」という言葉を書きたくないからです。そうかといって書かなければ，なぜ低い評価になったかの説明ができない――教師として悩むところです。

そんな場合，課題のある学習状況でも，個人内評価では「ここまではできた」という「よさ」が見つかるはずです。まず，その「よさ」を補助簿の記録からとらえます。

続いて，あともう少し進めばよかった学習目標を取り上げて，所見に組み入れます。さらに，その点について指導や支援をしていれば，そのことを書き添えるのです。このことにも，補助簿の記録が役立ちます。

以上のような方針で通知表の所見を書くということを，学期末の個人面談などで，保護者に理解してもらっておくのは，大事なことです。

3 所見の要素と組み立て

所見に何を書いたらよいかがはっきりしてきたら，次は実際にどう書くかということになります。所見をいくつか書いてみると，必要な要素と文の組み立て方に基本的なパターンがあることに気づきます。

(1) 向上した面だけを書く型

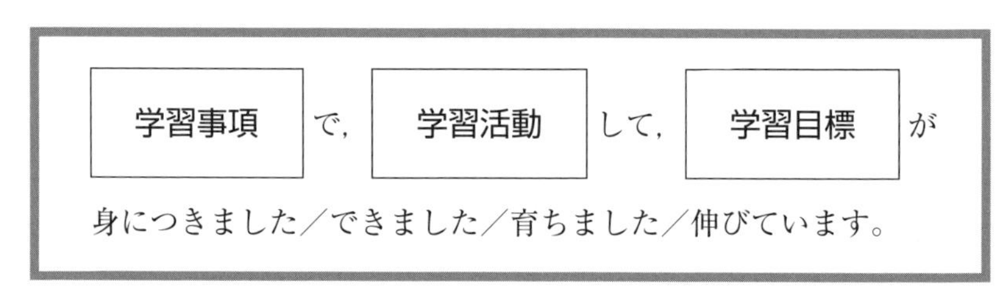

□で囲んだ言葉は，所見の要素です。要素をつなぐ言葉は，例示したものに限らず，文の意味がとおるように変えてください。

型を使って，下のように所見を作ることができます。

・学習事項……説明文を読む学習で，

・学習活動……要旨や事実と意見との関係をとらえて，

・学習目標……筆者の考えを的確に読み取ることができました。

「説明文を読む学習で，要旨や事実と意見との関係をとらえて，筆者の考えを的確に読み取ることができました。」

これは，評価規準に到達した事例を具体的に書いた所見です。こういう事例が，もっと広い意味のどんな学力の進歩につながっているのかを伝えたいときには，上の所見の前か後ろに，そういう意味の文を付け加えるとよいのです。たとえば，次の□のようにです。

「説明文を的確に読み取る力が進歩しました。説明文を読む学習で，要旨や事実と意見との関係をとらえて，筆者の考えを的確に読み取ることができました。」

この表現は，進歩・向上した事実を具体化し，強調する意味を表します。

(2) 向上した面と不十分な面の両方を書く型

学習事項	で，	個人内評価では良好な学習目標，活動

ができました／しようとしました／しました。

まだ 少し 少々 やや	未到達な目標が	難しいよう 十分ではない もうひと息 できるとよい	なので， ので，

指導しました／助言しました／支援しました。

個人内評価で，目標に近い良好な面を初めに書き，目標に未到達な面を付け足すようにします。

「説明文を読む学習で，要旨や事実と意見との関係をとらえて読むことができました。まだ，筆者の考えを的確に読み取ることが難しいようなので，その点を指導しました。」

この文例にある「指導しました」は，その子どもが書いた文章について，事後に指導していないと書けません。

子どもにとって，学期（学年）を通した学習の成果が問われるのが通知表です。受け取った保護者と子どもが，納得した気持ちで次のステップに向き合えるような所見を書きたいものです。

もし，今学期には間に合わないけれど，不十分な点を実際に指導，支援し，そのことを所見に書こうと考えるならば，たとえば，次のように書くとよいでしょう。終わりに書く言葉を下の□のように表すのです。

「説明文を読む学習で，要旨や事実と意見との関係をとらえて読むことができました。まだ，筆者の考えを的確に読み取ることが難しいようなので，その点をさらに指導します。」

(3) 評価の観点ごとの言葉例

知識・技能	
・学習内容の理解	・学習の行い方
・関連性の理解	・目的に応じたまとめ方
・規則性・連続性の理解	・問題解決のための工夫をすること
・特色の理解	・材料や用具を選択すること
・実感を伴う理解	・資料を適切に集めて，読み取ること
・仕組み・働き・役割の理解	・わざを身につけること

思考・判断・表現	
・問題を見いだす力	・見通しをもって追究する力
・変化と要因を関係づける力	・相互の関連や意味を多角的に考える力
・適切に選択・判断する力	・統合的，発展的に考える力
・根拠のある予想や仮説を発想し，表現する力	・問題を解決する力
・より妥当な考えをつくりだし，表現する力	・目的に合った表現をする力
・実践を評価し，改善する力	・自分の考えを論理的に説明する力

主体的に学習に取り組む態度	
・進んで取り組もうとする意欲	・課題の解決に向けて，主体的に取り組む態度
・生活や学習に生かそうとする意欲	・粘り強く考える態度
・進んで考えようとする意欲	・友達の考えや取り組みを認める態度
・取り組みへの興味・関心	・意欲的に調べようとする態度
・新しい表現方法への関心	・よりよいものを求める態度
・論理的に考える大切さを知る	・生命を尊重する態度

教科・領域によって評価の観点の趣旨には違いがあります。しかし，上にまとめた言葉をもとに，教科・領域に合った言葉に置き換えることで，さまざまな教科・領域について述べることができるはずです。

4 用字用語の留意点

(1)「正しい」用字用語

所見に限りません。学校が渡す文書は,「正しい」用字用語で書くことが大事です。「正しい」とは,「常用漢字表」「現代仮名遣い」「送り仮名のつけ方」や教科書の表記などに沿っているという意味です。こういう用語は,趣旨としては社会の人々を拘束するものではないし,許容もあります。ですが,子どもに指導する立場で言葉を選び,表記する必要があるわけです。所見を書くときに,国語辞典を手元に置くことをお勧めします。

たとえば,こんな点に注意します。「→」の右側が正しい表記です。

▲見出す→見いだす,心よい→快い,真面目→まじめ

・「常用漢字表」の漢字の使い方に沿うようにします。

・常用漢字表にある漢字を,ぜひとも使わなければならないというわけではありません。感じを和らげる,使い分けが難しいなどの理由で,仮名で書く場合があるのは当然です。

▲～のとうり→～のとおり,一つづつ→一つずつ

・「現代仮名遣い」に沿うようにします。

▲有難み→有り難み,行なう→行う

・「送り仮名の付け方」に沿うようにします。

▲ゴミ→ごみ,コツコツと→こつこつと(擬態語だから)

・片仮名を学習に沿って使うようにします。

・動植物名は原則として片仮名。教科書が平仮名表記ならそうします。

▲看護婦→看護師,伝染病→感染症

・公的に言い方を改めた言葉を使います。

また,当然のことですが,人権に関わる言葉などに十分注意します。

・差別感を感じさせる言葉…▲男(女)らしい　▲クラス一の人気者

・好悪や優劣を表す言葉……▲好感がもてます　▲友達がいやがる仕事

・相対評価のような言葉……▲一番早くできました　▲優れています

⑵ 適切な表現・言い回し

所見を書く相手は保護者で，目的は学校教育への保護者の理解です。このことを押さえた表現・言い回しを工夫します。

どんな言い方をするとよいかを考えるために，不適切な例を挙げ，その理由と改善の方向を述べます。「→」で示した改善例は，ひとつの言い方です。所見の内容と文脈によって工夫してください。

▲～が上手でした。→的確に～することができました。

・「上手に」「立派に」「見事です」などは，それだけでは何をどう達成したのかがわかりません。具体的な評価規準の内容を押さえます。

▲～してくれました。／～してもらいました。→～しました。

・学習の一環としての行動，活動です。教師のためにしてあげたり，教師がしてもらったりしたように書かないほうがよいのです。

▲～しましょう。→（使わないようにします）

・子どもに何かを伝え，呼びかけるなら，直接話すか，通知表に子どもあてのメモか手紙を添えればよいでしょう。説明責任を果たす相手は保護者です。「しましょう」では，失礼な言い方になります。

▲お願いします。／～ようにしてください。→（使わないようにします）

・保護者に具体的な協力を求める必要があれば，所見ではなく相談の機会を設けて話し合うようにします。

▲～はできました。→～ができました。

・意図しないで「は」を使うと，それだけはできたけれど，そのほかはできていない，という意味にとられるおそれがあります。

▲～すれば，～になります。→～ように指導します。

・たとえば，「計算違いをなくせば，問題に正しく答えられます」のような所見です。「計算違いが見られるので，指導をしていきます」という所見と比べてみてください。

▲中心になって～しました。→（使わないようにします）

・目立つ活動だけでなく，併せて目標への到達状況を書くようにします。

5 「よい点」「不十分な点」のとらえ方

(1)「よい点」のとらえ方

「元気です」「手先が器用です」――こういう点は，性格か素質です。学習指導で向上した学力，行動とはいえません。印象だけで書くと，つい，こういう言葉を使いがちになります。

通知表の所見としては，「体育の学習を通して，進んで運動し，元気に生活する態度が育ちました」「図工の用具や楽器などを扱う体験を重ね，技能がいっそう向上しました」のように，その学期に学習指導によって伸びた点を書くことが望ましいのです。行動についての所見も，道徳科や特別活動などの学習を通して望ましく変容した点をとらえます。

(2)「不十分な点」のとらえ方

学期（学年）の学習・行動で，子どもの最も向上させたい点をとらえます。ある単元の学習で，主目標には到達しないが，もう少し指導を重ねれば向上すると考えられる点をとらえるのです。

学習は，単元が学期ごとに変わりますし，評価規準も変わります。所見に取り上げる「不十分な点」の事柄も変化します。

けれども，それは通知表の所見を待つまでもない事柄です。学期の指導の過程で，家庭と連絡をとっていると思います。仮に，学期末に課題として残ったなら，個人面談などで直接保護者と相談するようにします。

とくに，学校での集団活動としての特別活動，発達の障害や家庭環境などの影響も考慮すべき行動に対しては，所見のわずかな文で，どれほど保護者の理解と協力が得られるでしょうか。不十分な点については，所見でなく保護者との直接のコミュニケーションによって解決を図りましょう。また，そういう方針も，保護者に事前に伝え，理解してもらっておきます。本書では，不十分な点もこれからの目標として前向きにとらえることができるような表現にして△で表しています。参考にしてください。

6 知っておきたい高学年の特徴

(1) 発達段階と発達課題

体や心が向上し，能力が高まる過程が，子どもの発達です。それには段階があり，次の段階に移るために必要な体験が発達課題です。高学年では，たとえば次のような発達段階を考慮して所見を書くようにします。子どもの発達には個人差が大きいことも考える必要があります。

○学習や活動で，仲間の意識で協力できるのは7～8人まででです。
○抽象的な物事について，論理的に考えられるようになります。
○考えや気持ちなどの条件で友達を選び，交友が長続きします。
○価値判断が自律的で，社会や集団のきまりや役割を価値基準にします。
○相手がよくわかるように話や文章の組み立てを考えて表現できます。
○女子のほうが早く自分の内面に目を向けるようになります。
○運動の巧緻(こうち)性，敏捷性，平衡性が発達し，安定してきます。
○論理的な（意味と結びつく）記憶が，機械的記憶より伸びてきます。

(2) 学習内容と評価規準の段階

学習指導要領の内容や教科書の教材は，子どもの発達段階を考慮して設定されています。通知表も学習指導要領の内容をもとにした，学校の教育課程に沿っているはずです。ですから，「観点別学習状況」欄や「評定」欄を補完する働きをもつ所見は，評価規準を押さえて，子どもを客観的にみて書かなければならないのです。

発達とその段階に個人差があるので，今はまだ評価規準に到達していなくても，指導を続けていけば，もう少し先に到達できる場合があるでしょう。進歩の途中なら「育っています」「伸びるはずです」，到達しているなら「身につきました」「できます」のように，文末で区別するような書き方も工夫のひとつといえます。

（矢島好日子）

2 管理職がみる所見のポイント

管理職は，基本的に子どもたちのことをいちばんよく理解している担任が書く所見の内容を尊重します。管理職がみるポイントは，所見がたんにある場面を切り取って書かれているのではなく，指導の結果として子どもが向上したことについて書かれているか，子どもや保護者の立場に立って子どものよい面を中心に書かれているかなどです（文の書き方や表現などについては本章の１を参考にしてください）。以下，そのポイントについて述べていきます。

1 教科学習について

所見は指導を通して子どもが向上した面を中心に，「目標に準拠した評価」に基づく「個人内評価」を書きます。たとえば，「○○の学習に熱心に取り組んで，○学期を過ごしました」というような表現では，何がどのように向上したのかわかりません。本書の文例にあるように，どのような場面で，どのような行動が見られ，どのように評価したかを具体的に書くことが大切です。

高学年の保護者の場合，個人面談などで，学習のなかで子どもがどのようなことに興味をもち，将来の夢はどのように考えているのかについて，もっと知りたいと思っていることがわかる場合があります。そうしたときは，個人面談の機会と併せて，所見に休み時間の会話などの様子を付け加えることもあります。

たとえば「理科の○○の学習で，観察・実験したことをまとめ，的確に説明できるなど，理科の資質・能力がとても伸びています。休み時間の会話のなかでも，将来は科学者になりたいと話していました」のような書き方もあります。

2 評価と所見について

評価と所見が一致していることも大切です。たとえば，算数科の「主体的に学習に取り組む態度」が「もうすこし」の評価なのに，所見に「いつも積極的に手を挙げて発言しています」と書いてあったら，ちぐはぐな印象をもたれます。このような所見であれば，評価は「たいへんよい」か「よい」になるはずです。もし，評価が「もうすこし」であるなら「ここができていない」というような否定的な言葉ではなく，個人内評価としてその子どもの伸びた点を書くようにします。

たとえば，5年生の理科の「知識・技能」で「もうすこし」の評価をつけたとき，個人内評価として，所見に次のように書いて今後につなげていくようにします。「理科のふりこの学習で，意欲的に実験をしました。実験データの誤差が大きくなっていたので，改めて実験の方法を支援しました。来学期には，正しい手順で気をつけて実験できるはずです」。このように，子どもや保護者が学期中の成長を確かめ，次のステップへの意欲と見通しをもてるようにすることが大切です。

目標に準拠した評価を踏まえて，子どもや保護者に「このことができて，もっと勉強が楽しくなるように指導していきます」ということが伝わるような書き方にすると，担任への信頼につながります。

3 学校生活について

所見は教科学習等や道徳科のほか，学校生活全体に目を向け，特別活動や行動に関わって書く場合もあります。教科学習等や道徳科と同様に，子どもが向上した面が書かれていることがポイントになります。（道徳科の所見の書き方については，第4章を参照してください）

●友達関係

高学年は交友関係が広がり，友達との関係が重要になってくることから，保護者が学校生活のなかでの友達との関わりについて知りたいと思っている場合があります。そうした場合，友達との関わりのなかで，とくに思いやりや優しさが表れているような場面，友達と協力して何かに取り組んでいるような場面を書くと，保護者が安心感をもつことができるでしょう。

たとえば，行動（思いやり・協力）に関わって，「休み時間に一人でいる友達に一緒に遊ぶように声をかけたり，みんなが楽しく遊ぶことができるように工夫したりしている姿が，友達から信頼されています」のような書き方もあります。

●学校生活

5年生なら，高学年の仲間入りをして自覚した行動ができていることや，6年生なら，最高学年としての自覚をもって活動している姿について書くこともできます。たとえば運動会や学芸会など，特別活動（学校行事）と関わって，「学芸会の照明係のリーダーとして，それぞれの劇や音楽の効果を高めることに力を尽くし，行事の成功に貢献しました」などの書き方です。

「朝の会」や「帰りの会」でも，子どもたちのよい面をたくさん見つけることができます。特別活動（学級活動）と関わって，「帰りの会では，友達のよいところについて発言していました。友達のよい面をたくさん見つけ，認めようとする態度が育っています」のような書き方もあります。

普段，保護者から見えにくい姿，たとえば掃除について，子どもがどのような活動をし，向上しているのかを書くこともできます。行動（勤労・奉仕）と関わって，「掃除当番のリーダーとして公平に仕事の分担をし，進んで掃除に取り組んでいました」などの書き方もあります。

このように，学期間の目標を踏まえ，子どもが成長・向上したことを取り上げて，具体的にわかるように書くことが求められます。管理職が所見をみるポイントと，担任が所見を書く意図が，「学校教育の成果を報告する」という点で一致していることが大切です。

（浅井正秀）

3 特別な支援が必要な子どもの所見の書き方とポイント

1 高学年における特別な支援の考え方

高学年は，学習面では小学校の学習のまとめの時期であるとともに，中学校での学習を見通して，小学校の間に身につけた学力を確かめる時期でもあります。学年を追うごとに不得意感が積み重なりやすく，困難な姿も変化する一方，下学年ではできなかったことができはじめることもあります。中学年よりさらに本人の意志を尊重した個別の指導計画が望まれます。

行動面では，低学年で多動傾向のあった子どもも，見かけ上の動きは随分落ち着いたように見えるかもしれません。しかし，学習場面で十分集中できなかったり，取り組む根気が続かなかったりするなど，内面での困難は続きます。子ども目線に立った観察と理解が不可欠です。

一斉指導での難しさを感じた場合には，その子どもの学習の様子を観察したり，習得状況を丁寧に分析したりしていくことが必要です。その結果，一斉指導のなかでの担任による授業中の配慮でよい場合もあれば，補習や通級による指導，少人数指導など別の支援を組み合わせたほうがよい場合もあります。発達障害等が考えられる場合は，必要に応じて学年担任会や校内委員会で検討します。

中学校は教科担任制ですから，担任だけでなく学年の教科担当者全員に理解してもらう必要があります。個別の指導計画を作成している場合は，保護者や本人の了解のもと，進学先の中学校の管理職および特別支援教育コーディネーター等の担当者を交えて早めに連携し，必要な手立てがスムーズに移行できるよう支援します。

学習する教材量の増える中学校では，デジタル教科書等の音声教材の活用やパソコン入力が有効な子どももいます。中学校・高等学校での学習を見越して，学習ツールが活用できる場合は早めに慣れて自ら使いこなせるようにしていき，教室での学習理解につなげることが大切です。

2 特別な支援が必要な子どもの指導と評価

2017（平成29）年に改訂された学習指導要領では，幼稚園，小学校，中学校，高等学校すべての校種において，特別な配慮支援を必要とする子どもへの指導について記述されました。これは，特別支援教育に関する教育課程編成の基本的な考え方や個に応じた指導を充実させるための教育課程上の留意事項などが一体的にわかるよう，どの校種でも同様に示して充実を図ろうとするものです。

障害のある子どもについては，特別支援学校，特別支援学級，通級による指導を利用する場合は必ず個別の教育支援計画および個別の指導計画を作成することとなりました。通常の学級においても，通級による指導を受ける場合に限らず，発達障害をはじめ学びにくさのある子どもが在籍している場合には，その障害の特性を把握し，個に応じた支援の手立てを検討して，指導にあたることが大切になります。

学習指導要領の総則「児童の発達の支援」と併せ，各教科等の「指導計画の作成と内容の取扱い」には「障害のある児童などについては，学習活動を行う場合に生じる困難さに応じた指導内容や指導方法の工夫を計画的，組織的に行うこと」と示されています。

人数の多い通常の学級での教科指導で個別の指導計画を作成することは，担任一人ではなかなか大変な作業になりがちですが，特別支援学校の巡回相談チームや特別支援教育コーディネーター，校内委員会等のチーム支援などを活用し，学校体制として支援が継続できるようにしていきます。

高学年では，学校のリーダーとしての役割も増え，学校行事等を通して自信を深めるよい時期です。中学校での生活を意識づけながら指導する時期でもあります。一方で特別な支援を必要とする子どもは発達のアンバランスが基本にあるので，学年でとらえる発達段階とは異なり，学習面でも行動面でも目標とする段階に非常に個人差があります。「高学年になったのだから○○ができるはず」という一律的な考え方は適切とはいえません。年齢相応に目標化できる部分と，その子どもの現状から目標化できる部分とに分けて考え，担任として実施可能な指導目標を検討していきます。

保護者や本人との丁寧な相談を継続しながら，学ぶ場を変更したり，ＴＴや少人数指導を加えたりするなど，学校にできる体制で支援を検討し，個別の指導計画も修正・変更しながら支援を継続します。

特別な支援を要する子どもの評価については，基本はほかの子どもと同様に目標にもとづき通常の学習状況を評価することに変わりはありません。

3 特別な支援が必要な子どもの所見の書き方と文例

特別な支援が必要な子どもの所見を書く際には，その子どもの困難な状況を列挙するのではなく，個々の指導目標と支援の手立てを踏まえ，目標について達成できたか否かを書くようにします。個別の指導計画がある場合にはその目標・手立てと一致するように留意します。子どもの得意なことや長所を生かした指導が大切ですが，困難な状況を改善するための指導が目標になる場合には，その状況からどのように力をつけてきたかを丁寧に伝えることが重要です。

各教科指導において合理的配慮を行う場合には，その手立てが有効か否か，継続するか否かも忘れず記入し，中学校へ引き継げるようにします。

本人の思いに耳を傾けるとともに，保護者との相談を継続するなど良好な信頼関係のもとに十分なコミュニケーションを図るようにしましょう。

所見を書くにあたって，個別の指導計画の作成に関係する担当者同士で相談することも大切です。こうすることで，子どもの様子を総合的にとらえた所見を書くことができます。

1. 学習面に困難がある子ども

子どもの様子（例）

- 教科書を読むことが難しい
- 書くことが難しい
- 視認知に課題がある

◇　音読の学習で，行をとばしたり，文末の勝手読みをしたりしてしまわないよう，色付きの補助具を利用して練習しています。熱心に練習を重ね，少しずつ補助具なしでも読める力がついています。

◇　単元全体を通読することが難しいようなので，音声教材を聞いて単元の内容を把握してから授業に臨むようにしました。内容をよく理解して発言することができました。

◇　新出漢字の習得が進みました。漢字を繰り返し書くだけでは覚えるのが難しいようなので，イメージしやすいフラッシュカードを利用して練習を続けています。

◇　100ます計算は視覚的に疲れやすく，最後まで続けられないことがありましたが，10ます計算での練習に熱心に取り組み，少しずつ計算時間を短縮することができました。

◇　筆算の問題で，間違えずに計算することができるようになりました。位がずれやすいので，位の補助具を入れたり，マーカーで注意を促したりして支援しています。

2. 行動面に困難がある子ども

子どもの様子（例）

- 落ち着きがない
- 着席ができない
- 最後まで話が聞けない

◇　興味関心が非常に高く，とても意欲的です。関心のあるテーマの調べ学習に熱心に取り組み，最後までまとめきることができました。一つのことに落ち着いて取り組む力がついています。

◇　調べ学習や校外学習で，グループのリーダーとして活動しました。何事にも積極的な行動力があります。さらに落ち着いて学習に取り組めるように支援しています。

◇　小テスト形式の問題に取り組むことによって，一定時間，問題に集中できる時間が長くなりました。一つのことに集中して取り組む力がついてきています。

◇　総合的な学習の時間で，班で調べたことのまとめを発表しました。一つの課題について，調べ学習，まとめ，発表と継続して活動する流れにのって，一定時間着席することができました。友達の意見も落ち着いて聞くことができました。

◇　授業の終わりまで，授業の流れにのって学習することができるようになりました。一つのことに夢中になって途中で考えこんでしまったり，ほかのことを考えてしまったりするときは，担任が授業の区切りで声かけをして支援しています。

3. 人間関係の面に困難がある子ども

子どもの様子（例）

- 学級集団になじめない
- 予定の変更を受け入れにくい
- ルールが理解しにくい

◇ 友達に対して気持ちが高ぶってしまったときは，メモで簡潔に5W1Hを整理し，深呼吸して落ち着いてから話すことができるようになりました。自分の気持ちを伝える力が育っています。

◇ 進んで係や当番の仕事に取り組むことができました。「なぜしなければならないか」「どのような仕事をするのか」など，○○さんが具体的にすることがわかり，納得してできるよう，支援しています。

◇ 教室から別のところへスムーズに移動することができるようになりました。「○○分になったら教室から出る」「○○の場所に集合する」など，黒板に具体的な指示を書いて支援しています。

◇ 急な予定変更が苦手でしたが，早めの予告を聞いたり，修正された時間割を見たりすることで，納得して参加できるようになりました。変化を受け入れる力が育っています。

◇ 係の仕事に自分から取り組むことができました。何曜日にどの仕事をするのか，約束事が書かれた掲示物を確かめることで，意識して係の仕事に取り組むことができました。

4. 通級指導を受けている子ども・特別支援学級に在籍している子ども

子どもの様子（例）

- 言語理解の指導を受けている
- 読み書きの指導を受けている
- 学校生活の枠組みを学んでいる

◇　通級指導教室では漢字，音読，視写を中心に，イメージができるような絵をつけて練習に取り組みました。通級指導で十分に習熟することができましたので，学級の授業に参加する自信がついています。

◇　物語文の内容をよく理解しながら読むことができました。通級指導で音声教材を使って物語の全文を聞き，それから学級での授業に臨むよう支援しています。

◇　下学年の漢字を含め，漢字アプリを使って部首ごとに練習し，50問テストでは80パーセント正答することができました。次回は全問正答したいと，意欲的に漢字の練習に取り組んでいます。

◇　通級指導教室で，基礎的な四則計算を繰り返しパターンで練習して，正しく計算する自信がつきました。算数は少人数編成なので，友達同士で確認しあうグループ学習にも取り組みました。

◇　中学校では教科ごとに先生が変わったり，教室移動が多かったりすることを伝えました。小学校との違いから，困ったことがあったときの伝え方をソーシャル・スキル・トレーニングで学習するなど，心配や不安な気持ちを率直に表現できるよう支援しています。

（鋒山智子）

第3章

教　科［領域・観点別］

＊「総合所見」――学期の総合的な所見

＊凡例
- ◎ 十分到達している
- ○ おおむね到達している
- △ もうひと息（向上する点）

1 国語［5年・6年］

総合所見

主な学習項目		
知識及び技能	言葉の特徴や使い方	●話し言葉と書き言葉の違い ●送り仮名，仮名遣い ●語句の構成，変化，由来 ●敬語の使い方 ●音読
	情報	●原因と結果など情報と情報の関係
	言語文化	●古文や漢文，文語調の詩や文章 ●用紙の大きさと文字の大きさ，配列 ●毛筆の穂先の動き，点画のつながり
思考力、判断力、表現力等	話すこと・聞くこと	●考えたこと，伝えたいこと ●目的や意図に応じた話の構成 ●場に応じた適切な言葉遣い ●計画的な話し合い ●インタビュー，発表
	書くこと	●目的，意図 ●引用，図表，グラフ ●詩，短歌，俳句，物語，随筆
	読むこと	●要旨，事実，感想，意見 ●詩，物語，説明文，論説文，伝記，新聞

評価の言葉（例）		
知識・技能		●漢字と仮名を適切に使い分ける ●動詞，名詞などがわかる ●段落，文章の構成がわかる ●用紙に合った文字の形，大きさ，配列にする
思考・判断・表現	話すこと・聞くこと	●話の組み立てを工夫する ●話し手の意図を考えて聞く ●立場や意図をはっきりさせて計画に沿って話し合う
	書くこと	●考えを明確に書く ●文章全体の構成を考える ●事実と感想，意見を区別して書く ●簡単に書いたり詳しく書いたりする ●表現の効果を工夫する
	読むこと	●心情や場面を味わって読む ●自分の考えをまとめる ●意見や感想を共有し，考えを広げる
主体的に学習に取り組む態度		●進んで○○する ●○○に関心を高める ●意欲的に○○する ●○○しようとする態度が育つ

◎　調べる目的を意識して，必要な図書を進んで探し，利用することができました。そのほかにも，国語の学習への関心が高く，意欲をもって積極的に話す，書くなどの活動に取り組みました。

◎　物語の感想を発表する学習で，表現の部分を例に挙げ，登場人物の心情をどう想像したかを話すことができました。また，声の抑揚や間の取り方を工夫して，自分の思いや考えが聞き手に伝わるように朗読できました。

◎ 俳句に関心をもち，歳時記で季語を調べながら，五七五の調べで季節を豊かに表現できました。日本の文化のよさを紹介する学習では，俳句の知識を生かし，昔の人のものの見方や感じ方を話す姿が見られました。

◎ 話し合いの学習で，自分の考えと話し手の考えを比べながら聞き，自分の考えを改めたり，より確かにすることができました。自分の考えを確かにするために，図書から知識を得ようとする態度も身につきました。

○ 説明文の事実と感想，意見との関係をおさえて，筆者の考えを正確に読み取ることができました。意見文を書く学習でも，事実と自分の意見とを結びつけて，考えをわかりやすく書く力が育っています。

○ 話すとき，場の様子や目的にふさわしい言葉遣いで，筋道を立てて話す力が伸びました。調べたことを文章にまとめるときにも，言葉を選んで自分の考えがはっきりするように書くことができました。

○ 言葉の意味や使い方に関心が高まり，意味のわからない言葉に出合うと国語辞典などを使って調べる習慣が身につきました。自分の考えや立場をはっきりさせて話し合いに参加する態度も育っています。

○ これまであまり読まなかった歴史や科学の本に関心が広がりました。文章を書く力も伸び，経験や想像をもとにして物語や随筆を書くことができました。文章全体の構成を考え，表現の効果も工夫できました。

△ 文章の構成を工夫し，伝えたい事柄にぴったり合う言葉を選んで書くことができました。自分の考えを話すときも，話の組み立てや言葉遣いを工夫するように助言しています。

△ 自分の体験を，気持ちやその場の様子がわかるように話すことができました。物語を読む学習では，人物の心情の移り変わりや場面の様子に注意しながら読むように助言しました。

1. 話すこと・聞くこと

(1) 知識・技能　▶所見のポイント

- 語感・言葉の使い方に対する感覚などについて，意識して話したり聞いたりする
- 共通語と方言の違いを理解し，必要に応じて共通語で話す
- 世代による言葉の違いに気づき，適切な言葉遣いで話す
- 敬語などの使い方に慣れ，場面に応じて適切に使う

◎　敬語の使い方や，共通語と方言との違いを理解し，相手との関係を意識しながら話すことができました。敬語にも慣れ，適切に使うことができました。

◎　方言の学習では，多くの方言にふれるなかで，方言のもつ温かさに気づき，共通語と方言のそれぞれの必要性やよさに対する理解を深めることができました。

○　討論や報告の学習で，目的や場に応じた言葉遣いで話す力が育ちました。あらたまった場で話をする場面では，敬語を適切に使って話すことができました。

○　インタビューや対話の学習で，相手が答えやすい質問の仕方を考えて話そうと工夫していました。目的や相手にふさわしい話し方ができるようになりました。

△　インタビューの学習で，聞きたいことを明確にして質問をしました。やや一方的に話す様子も見られましたので，相手に応じた話し方を理解し，話す相手や場所にふさわしい言葉遣いで話すように指導を続けます。

(2) 思考・判断・表現　▶所見のポイント

- 話題を決め，収集した知識や情報を関係づける
- 事実と感想，意見とを区別するなど，構成を考えて話す

- 資料を活用するなど，表現を工夫して自分の考えを伝える
- 話し手の意図を考えながら聞き，自分の考えと比べ，考えをまとめる
- 互いの立場や意図を明確にして，計画的に話し合う

◎　グループや学級全体での共通理解や課題解決をめざして，計画的に話し合うことができます。司会者として，決まったことを確認しながら時間配分にも注意し，結論を出せるような話し合いの進め方ができました。

◎　討論会では，異なる立場のもとにある理由に着目して，質問をする姿が見られました。共通点や相違点をていねいに整理し，討論会を通して自分の考えをさらに確かなものにまとめることができました。

○　調べたことを発表する学習で，考えたことや自分の意図が明確に伝わるように，事実と感想，意見を分け，項目を立てて話すことができました。また，資料を活用し，話の組み立てを工夫して話す力が身につきました。

○　発表や報告をする学習で，事実と感想，意見の違いを区別しながら話を聞き取ることができました。話し手の意図を考えながら聞く力が伸びています。

△　討論会で自分の立場をはっきりさせて発言できました。自分と反対の立場の意見を聞いて結論をまとめることが難しいようでしたので，自分と相手の考えの違いは何か，メモにまとめるようにアドバイスしました。

(3) 主体的に学習に取り組む態度　▶所見のポイント

- 話の組み立てを工夫して進んで話す
- 話し手の意図を考えながら熱心に聞く
- 互いの立場や意図をはっきりさせて，話し合おうとする
- 計画的に話し合おうとする
- 課題に向かって粘り強く取り組む
- 学びを振り返り，今後の学習や生活に生かそうとする

◎　話す場面や目的に応じて，自分の考えを進んで話そうとする態度が身についています。研究したことの発表会では，自分の伝えたいことをまとめて，組み立てや表現を工夫し，効果的に話しました。

◎　コミュニケーションを円滑に図る学習で，きっかけとなる話題を自分から切り出し，積極的に相手とのつながりをつくろうとしました。学んだことを日常生活にも生かし，地域の方との交流会で話を弾ませていました。

○　相手の伝えたいことを進んで聞こうとしています。読書発表会で，熱心に聞き，話の組み立てや言葉遣いから話し手の思いや願いをつかむことができました。

○　話し合いの学習で，自分と友達の意見を比較して考えながら話し合いました。話し合いで何が問題点なのか，何をどのように解決すべきかをよく考えて，自分の考えを積極的に発言するよう努力していました。

△　グループの話し合いで，進んで話すことができます。学級全体の話し合いでも話題について自分の考えを発表するなど，大きな集団での話し合いにも進んで参加できるよう支援しています。

2. 書くこと

(1) 知識・技能　▶所見のポイント

- 文脈や意味に合わせて適切に漢字を使う
- 正しい仮名遣いで表記する
- 文章を書くときに辞書を利用する
- 語句の係り方，語順，接続の関係に気をつけて書く
- 文章の構成を目的に応じて工夫する

◎　習った漢字と送り仮名を正確に書き，文字や言葉を正しく使うことができています。また，読み返して間違いを正すときに，国語辞典を積極的に利用することもできました。

◎　漢字，平仮名，片仮名を適切に使い分け，文章を書くことができます。文脈の意味に合わせて同音異義語に注意し，漢字のもつ意味を考えて使う力が身につきました。

○　原稿用紙に，読みやすい文字で書く力が伸びました。毛筆書写で学習したことを生かして，文字を整えて書いています。さらに，文字や言葉の使い方に迷ったら，すぐに国語辞典で調べ，適切に使うこともできます。

○　文章の構成についての理解が進み，書く事柄を段落にまとめ，全体の組み立てがわかる読みやすい文章を書くことができました。仮名遣いや送り仮名に注意し，誤字，脱字がないようにていねいに書くこともできました。

△　漢字テストでは，漢字や熟語をかなり書くことができます。さらに，それらの漢字や熟語を文や文章を書くときに正しく使えるように指導しています。

(2) 思考・判断・表現

▶所見のポイント

- 文章全体の構成や展開の効果を考えて書く
- 事実と感想，意見を区別して書くなど，工夫して書く
- 図表やグラフなどを用いて効果的に書く
- 文章を読み合い，よいところを見つける

◎　自分の考えをはっきり表現するための，文章全体を効果的に構成する力が身につきました。事実と意見を関係づけたり，本から一部を引用したりするなどの工夫ができました。

◎　意見文を書く学習では，意見の根拠となる事実について折れ線グラフを活用して効果的に書くことができました。また，友達の書いた意見文を読み，書き出しのよさに気づいて，自分の意見文に取り入れていました。

○　意見文を書く学習で，文章全体の組み立てを考えて書くことの大切さを理解しました。自分の考えやその理由などを整理し，組み立てて文章を書

くことができました。文末表現も工夫して書いていました。

○　事実と感想，意見を区別して書くことができます。文章全体の構成を考えて，事実と感想，意見とを関連づけて，自分の考えがはっきりと伝わる意見文を書くことができました。

△　目的や意図に応じて，簡単に書いたり詳しく書いたりする力が伸びています。報告文を書く学習では，組み立てを考えることが難しいようでしたので，段落と段落の関係をおさえて全体を組み立てるよう助言しました。

(3) 主体的に学習に取り組む態度　▶所見のポイント

- 目的や意図を意識して進んで書く
- 効果的に書こうとする
- 課題に向かって粘り強く取り組む
- 学びを振り返り，今後の学習や生活に生かそうとする

◎　目的や意図に応じて，自分の考えを伝えようという意欲をもって書いています。言葉について調べ，報告する学習で，調べたことを項目ごとにまとめて整理したり，構成を工夫したりして意欲的に取り組んでいました。

◎　リーフレットを作る学習では，集めたたくさんの情報を整理し，読み手の興味を引く見出しを考えるなど，これまでに学んだ表現の工夫を活用して取り組もうとする姿が見られました。

○　地域の施設のガイドブックを作る学習で，絵や図を入れ，それに合った説明を書き添えることができました。施設についてのわかりやすい紹介文になるように工夫して書くことができました。

○　記録文を書く学習で，時間の移り変わりや状況の変化などを意識して，筋道を立ててわかりやすく書くことができました。

△　意見文を書くことに興味・関心をもち，進んで取り組みました。自分の

考えを主張するためには，何のために，どのようなことを，どのように書くのかを意識しながら書くことを指導しています。

3. 読むこと

(1) 知識・技能

▶所見のポイント

- 文章を音読したり，朗読したりする
- 短歌や俳句のリズムや響きを感じ取る
- 文語調の文章を音読し，言葉の響きやリズムに親しむ
- 古典の大体を知り，昔の人の物の見方や感じ方を知る
- 文章の中の学習した漢字を読む
- 文章の構成の知識を生かして内容を読む

◎ 語感や言葉の使い方に関心をもち，いろいろな文章を読んだり，優れた表現を書き抜いたりしていました。文語調の詩の学習では，文語の独特のリズムや響きを味わい，それにふさわしい音読を工夫しました。

◎ 多くの俳句や古典に親しみ，声に出してリズムの心地よさを味わうことができました。自分の季節の感じ方と比較し，昔の人が季節を敏感に感じ取り，豊かに表現していることに気づきました。

○ 俳句や短歌の学習で，言葉の調子やリズムを確かめながら音読の工夫をしました。季語や言葉の切れ目に関心をもち，辞書や図書資料を探して調べたり，読んだりしている様子が見られました。

○ 詩に関心をもち，内容や表現のよさを感じ取っていました。それを表現する朗読ができるよう，言葉のリズムや響き，声の大きさや速さについて意識し，工夫することができました。

△ 短歌に関心をもち，教科書の中の好きな作品を読んで紹介することができました。意味だけでなく，言葉のリズムも考えながら読むように，助言しました。

(2) 思考・判断・表現　▶所見のポイント

- 内容を的確に押さえ，要旨をとらえる
- 登場人物の関係や心情，場面の様子をとらえる
- 図表などの必要な情報を見つけて読む
- 文章を読んでまとめた考えを共有して広げる

◎　説明文の内容を正確に読み取り，要旨をとらえる力が，たいへん向上しました。また，筆者の考えを，筆者が根拠に挙げた事実と結びつけて読み，それについての自分の考えもはっきりもつことができました。

◎　説明的文章を読む学習で，文章と図やグラフを関係づけながら読み進め，内容の理解を深めるとともに，図やグラフの効果に気づくことができました。

○　物語を読む学習で，情景の表現や人物の描写の優れた叙述を味わい，読みを深めることができました。朗読するときは，人物や場面の様子が表れるように読むことができました。

○　理科に関する解説文を，事実と筆者の考えを結びつけて読み，要旨をとらえることができました。さらに，二つの報道記事を読み比べて，違いや共通点について考え，自分の考えをまとめることができました。

△　物語を読む学習で，場面の様子や登場人物の心情の変化を叙述に即して読み取る力が伸びました。さらに登場人物の行動や言葉に注目し，生き方や考え方について，自分の考えをもつよう指導しています。

(3) 主体的に学習に取り組む態度　▶所見のポイント

- 進んで目的に適した図書資料を選ぶ
- 読書を通して考えを広げたり，深めたりしようとする
- 優れた叙述を味わおうとする
- 効果的な読み方を工夫しようとする

●課題に向かって粘り強く取り組む
●学びを振り返り，今後の学習や生活に生かそうとする

◎　自分の考えを広げたり深めたりするために，進んで図書資料を選んで読む態度が身についています。説明文の学習のあと，筆者が述べた考えに関する本を積極的に探して読みました。

◎　伝記を読む学習で，積極的に出来事の原因と結果を結びつけて読み取り，先人の生き方を考えました。何冊もの伝記を読み合わせ，偉人の生き方に感心して，自分の生き方を見つめる機会としました。

○　物語を読む学習で，情景描写や会話に気をつけて登場人物の気持ちを考えるなど，熱心に朗読の工夫をしました。

○　詩を読む学習で，優れた表現を味わい，情景を想像していました。また，3編の詩それぞれにふさわしい朗読ができるよう工夫し，詩が表現している世界を読み比べました。

△　宮沢賢治の生き方に関心をもち，伝記を探して読みました。読書したことをもとに自分の考えを深めるため，読んだ内容をメモするだけでなく，感想を付け加えて記録するよう指導しました。

2 社会［5年］

総合所見

主な学習項目	
日本の国土と国民生活	●世界の大陸と主な海洋 ●主な国の位置 ●国土の位置，構成 ●地形や気候と人々の生活
農業や水産業における食料生産	●生産物の種類や分布，生産量の変化 ●輸入など外国との関わり ●生産の工程，人々の協力関係 ●技術の向上，輸送，価格や費用
日本の工業生産	●工業の種類，工業地域の分布 ●工業製品の改良，製造の工程 ●工場相互の協力関係，優れた技術 ●交通網の広がり，輸入，輸出
産業と情報との関わり	●放送，新聞と国民生活 ●情報を集め発信するまでの工夫や努力 ●情報の活用と産業
国土の自然環境と国民生活の関わり	●自然災害の種類や発生の位置や時期 ●防災対策，森林資源の分布や働き ●公害，人々の協力や努力

評価の言葉（例）	
知識・技能	●特色がわかる ●現状がわかる ●関連がわかる ●具体的に調べる ●資料を適切に集めて，読み取る ●資料を正しく効果的に活用する ●調べたことを，目的に応じてまとめる
思考・判断・表現	●問題を見いだす ●見通しをもって追究する ●相互の関連や意味を多角的に考える ●適切に選択・判断する ●自分の考えを論理的に説明する
主体的に学習に取り組む態度	●進んで○○する ●関心をもつ ●意欲的に調べる ●生活に生かす

◎　世界の国々や大陸，海洋などについて関心を深め，地球儀などを使って的確に調べました。また，日本の位置や国土の地形，気候の特色についても調べ，特色を生かした産業などを理解することができました。

◎　農業や水産業に携わる人々の工夫や努力について，課題をもって地図や資料で調べました。国内では生産に費用がかかり，価格が外国よりも高いことに気づき，それを自分の解決策とともに説明することができました。

◎　日本の工業を支えている物流や貿易の課題に関心をもち，現状について，統計資料で熱心に調べました。日本の工業の特色を的確にとらえ，図表に説明を添えてまとめることができました。

◎　日本で起きた自然災害や公害の事例に課題をもち，資料を適切に読み取り，被害を防ぐために森林の保全が大事だという考えをもちました。その考えを，調べたことを根拠にして報告文にまとめ，発表しました。

○　水産業の学習では，魚を新鮮なまま消費者に届ける方法を調べ，保冷トラックや高速道路の利用などについて理解しました。運輸に携わる人々の工夫や努力をわかりやすくまとめることができました。

○　自動車工場の見学では，どのようにして安全で性能のよい車の生産をしているかを課題に観察し，具体的な工夫や努力をたくさん見つけました。また，その内容をわかりやすく新聞にまとめることができました。

○　テレビや新聞，パソコンや携帯電話などによる情報ネットワークの学習で，いろいろな資料を適切に読み取って，利点と注意点をまとめることができました。それについての自分の考えも表現できました。

○　コンピュータを活用して，学習問題を解決するための資料を上手に集めることができました。自動車工場の学習では，自動車メーカーのホームページで製造の工程や環境への配慮などを詳しく調べました。

△　情報化した社会の様子について調べました。情報を発信する産業だけでなく，運輸や医療などの現場で，情報をどのように活用しているかについても目を向けられるよう支援しました。

△　日本で起きる自然災害は，国土の地形や気候と関係があり，これからも発生する可能性があることをとらえました。さらに，国や県などが行っている対策や事業についても詳しく調べてみるよう，助言しました。

1. 日本の国土と国民生活

(1) 知識・技能

▶所見のポイント

- 世界における日本の国土の位置，国土の構成，領土の範囲などが大まかにわかる
- 日本の国土の地形や気候の概要がわかる
- 地図帳や地球儀，各種の資料で調べ，まとめる

◎ 地球儀，地図，気温と降水量のグラフなどを効果的に活用し，日本の位置や地形，気候の概要を理解することができました。日本の領土の範囲も，地図帳で確認して覚え，白地図にかき込むことができました。

◎ 国土の自然や生活の様子についての学習内容をよく理解しました。資料をもとに日本の地形や気候の様子についての知識を身につけ，人々が自然条件に合わせて工夫して生活していることをまとめました。

○ 国土の学習では，地球儀と世界地図を意欲的に活用し，世界の六大陸と三海洋の位置と名称を確実に理解することができました。近隣諸国をはじめとした，世界の主な国の位置や国旗についてもわかっています。

○ 暖かい土地の暮らしの学習では，気候の特色と産業や生活の工夫との関係を調べました。台風や暑さに備えた家のつくりや，暖かい気候を利用した農業など，自然環境に適応して生活していることが理解できました。

△ 日本の国土の位置や領土，地形，気候の様子を理解することができました。気候の特色に合わせた生活の工夫については理解がもう一息なので，雪や寒さに備えた家のつくりなど，具体例を挙げて指導しました。

社会

(2) 思考・判断・表現　▶所見のポイント

- 日本の国土の様子をとらえ，その特色を考え，説明する
- 国土の自然条件と人々の生活との関連を考え，文章で記述したり，説明したりする

◎　地図帳や衛星写真などで，日本の国土について調べ，国土の位置や形状，面積などの特色をまとめました。国土の特色について，地球儀を示しながら，自分の言葉で上手に説明することができました。

◎　□□市と○○市の２つの地域の暮らしや産業の様子について，表にして比べました。比べた結果，どの地域も自然条件に合わせて工夫して生活していることに気づき，文章にまとめることができました。

○　気温と降水量のグラフやさまざまな地域の写真から，日本では，地域や時期によって気候が違っていることに気づきました。気象条件や地形などを関連づけながら，日本の気候の特色について考えることができました。

○　暖かい土地の暮らしの学習では，台風や水不足など自然環境の特色と，家のつくりやダムの設置とを結びつけ，沖縄県の人々が気候に合わせて工夫して生活していることを考えることができました。

△　北海道の気温や降水量など，自然環境の様子について調べました。それらと暮らしの様子を結びつけて考えたりまとめたりすることが難しいようなので，助言しました。

(3) 主体的に学習に取り組む態度　▶所見のポイント

- 日本の国土の様子を意欲的に調べる
- 自然条件から見て特色ある地域の人々の生活を意欲的に調べる
- 国土の自然条件と人々の生活との関連を粘り強く考え，表現しようとする

◎　世界の中の日本の位置に興味をもち，地図帳や地球儀などを活用して熱心に調べました。さらに，日本の自然の特色，産業や生活に問題意識をもって意欲的に調べ，日本の国土への関心をいっそう深めました。

◎　日本の地形や気候の特徴と人々の暮らしに興味をもち，意欲的に調べました。進んで事例の資料を探し，読み取ったり判断したりして，自然と暮らしとの関係を的確にとらえることができました。

○　地球儀に興味を示し，日本から世界の主な国までの方位と距離を積極的に調べました。また，緯度や経度による表し方を知り，それを生かして調べた国の位置を友達に詳しく説明しました。

○　日本の自然環境の特色に関心をもち，調べ学習に取り組みました。地図だけでは読み取りが難しい事柄を衛星写真で確認するなど，詳しく調べてまとめようとする態度が見られました。

△　国土の気候や地形の様子と産業，生活との関係に関心をもち，進んで調べました。まとめる段階で方法にとまどって意欲をなくしそうでしたので，整理の仕方や，調べたことと考えの結びつけ方を指導しました。

2. 農業や水産業における食料生産

(1) 知識・技能

▶所見のポイント

- 食料生産は，自然条件を生かして営まれていることがわかる
- 米づくりの生産，輸送，販売方法などの工夫がわかる
- 水産業の生産，輸送，販売方法などの工夫がわかる
- 食料生産について，地図帳や地球儀，各種の資料で調べ，まとめる

◎　食料生産の学習では，インターネットを活用して，米づくりに関わる人たちの工夫や努力についてわかったことを図にまとめました。食料生産が自分たちの食生活を支えていることもよく理解できています。

◎ 日本の水産業の様子を地図や統計資料から正しく読み取り，ノートにまとめることができました。養殖や栽培などの工夫をしながらも，多くの水産物を輸入している現状について理解しました。

○ 食料生産の学習では，主な食料の生産地や漁場の位置などについて地図帳で調べました。調べたことから，土地や気候を生かして生産地が広がっていることを理解することができました。

○ 米の生産量と消費量の変化のグラフを読み取り，生産量が国民生活と大きく関わっていることを理解しました。稲作に携わる人の減少や米の生産調整など，米づくり農家が抱えている課題についても理解できました。

△ 米や野菜などの主な生産地を調べ，白地図にまとめました。自然条件との関係の理解ができていなかったので，なぜそれらの地域でその農作物の生産が盛んなのかを考えてみるよう助言しました。

(2) 思考・判断・表現

▶所見のポイント

- 日本の食料生産の概要をとらえ，食料生産が国民生活に果たす役割を考え，文章で記述したり，議論したりする
- 日本の食料生産に関わる人々の工夫や努力をとらえ，その働きを考え，文章で記述したり，説明したりする

◎ 調べた事柄を関連づけてまとめることができました。農家の仕事の学習では，おいしい米を作る工夫や，費用や労力を減らす努力を，機械化や施設の共用などの事柄と結びつけて発表しました。

◎ 食料生産の発展に向けて自分の考えをまとめました。消費者が高品質のものや希少性のあるものを求める傾向にあることと，農業や漁業の生産者が加工，販売まで取り組む動きを結びつけて考えることができました。

○ 大豆の大部分が輸入に頼っていることに問題意識をもって調べました。外国からたくさんの食料を輸入している日本の食料自給率をどうしたらよ

いかについての考えをまとめ，発表することができました。

○　食生活と水産業とのつながりの学習で，□□漁港で水揚げされた魚が消費地に届くまでの方法を調べました。いくつかの輸送手段を比較し，それぞれの特徴を考えることができました。

△　これからの食料生産についての学習で，調べたことを手がかりに，日本の食料生産の問題点について考えました。考えを表現することが難しいようなので，支援しました。

(3) 主体的に学習に取り組む態度　▶所見のポイント

- 食料生産の概要，食料生産に関わる人々の工夫や努力の様子を意欲的に調べる
- 食料生産が国民生活に果たす役割，食料生産に関わる人々の働きを粘り強く考え，表現しようとする
- 今後の農業や水産業の発展について進んで考えようとする

◎　「米がどこで，どのように作られているか」に関心をもち，生産地の分布図で進んで確かめました。□□平野の米づくりの様子について資料で熱心に調べ，写真やグラフを使って意欲的にまとめることができました。

◎　農家が農業機械を使用したり，施設を共用したりする理由を予想し，意欲的に資料で確かめました。農家のさまざまな取り組みから，今後の農業のあり方について，考えたことを進んで発表しました。

○　稲作の学習のあとに，ほかの食料はどこから運ばれてくるのかに関心をもち，水産物の産地について資料で意欲的に調べました。調べたことから，外国から多くの食料が輸入されている事実をとらえました。

○　果物の産地に関心をもち，いちごの産地の気候や降水量の特色を意欲的に調べました。さらに，新鮮な果実を早く消費地に運ぶ方法へと関心を広げ，運輸の働きについても詳しく調べることができました。

△　これからの農業の発展のために，どんな取り組みをしていけばよいかについて，自分の考えを進んで発表しました。生産の効率性だけでなく，安全性の確保や，環境への負担の軽減などにも目を向けるよう助言しました。

3. 日本の工業生産

(1) 知識・技能　▶所見のポイント

- 工業生産の種類や工業地域の分布，工業製品が国民生活の向上に重要な役割を果たしていることがわかる
- 人々の願いや社会の変化に対応し，優れた工業製品を生産するためにさまざまな工夫や努力をしていることがわかる
- 工業生産を支える貿易や運輸の働きがわかる
- 地図帳や地球儀，各種の資料で調べ，まとめる

◎　地図やグラフなどの資料から，工業が盛んな地域の分布や，盛んな工業の種類などについて読み取り，学習内容を身につけました。調べたことをまとめながら，日本の工業生産の概要を理解することができました。

◎　自動車の生産の学習では，関連工場について資料で詳しく調べました。必要なときに必要な量の部品が届く仕組みなど，組み立て工場との協力関係について理解し，図を使ってわかりやすくまとめることができました。

○　主な輸入品や輸出品，その相手国について，必要な資料を選んで調べ，日本の貿易の特色について理解することができました。また，工業製品の出荷における運輸の役割についても正しく理解しました。

○　自動車工場の見学を通して，働いている人の工夫や努力を理解し，新聞にまとめました。安全や福祉など消費者のニーズに応えていることや，環境に配慮していることなどについても理解することができました。

△　工業生産の学習で，自動車の生産台数のグラフから，海外生産が増えていることを読み取りました。その理由を理解することが難しいようでしたので，どんな利点があるかほかの資料も使って調べるよう助言しました。

(2) 思考・判断・表現　▶所見のポイント

- 工業生産の概要をとらえ，工業生産が国民生活に果たす役割を考え，文章で記述したり，議論したりする
- 工業生産に関わる人々の工夫や努力について考え，文章で記述したり，説明したりする
- 貿易や運輸の様子をとらえ，それらの役割を考え，文章で記述したり，説明したりする

◎　自動車工場の見学で，働いている人の工夫や努力をたくさん見つけ，カードに表しました。カードを整理する活動を通して，自動車生産が人々の願いや社会の変化に対応していることを考え，文章にまとめました。

◎　「日本の工業生産」の学習では，地図帳で，工業地帯や主な工業地域の分布を調べました。これらの地域で工業が盛んな理由を，土地の条件や交通の広がりなどと関連づけて考え，まとめることができました。

○　「貿易と運輸」の学習では，地図やグラフを読み取り，原材料を輸入して製品を輸出していることなど，貿易の面から見た日本の工業の様子について，自分の考えを説明することができました。

○　これからの日本の工業の発展について，自分の考えをわかりやすくまとめました。消費者や生産者の立場，外国との関わり方を考えるなど，学習で得た知識をもとにして考える力がついています。

△　自動車工場の学習では，工場での製造の工程をインターネットで調べ，詳しく説明することができました。まとめる際に，働いている人の工夫や努力にも目を向けるとよいことを助言しました。

(3) 主体的に学習に取り組む態度

▶所見のポイント

- 工業生産の概要，工業生産に関わる人々の工夫や努力，貿易や運輸の様子を意欲的に調べる
- 工業生産が国民生活に果たす役割，工業生産に関わる人々の働き，貿易や運輸の役割を粘り強く考え，表現しようとする
- 今後の工業の発展について進んで考えようとする

◎ 複雑な部品でできている自動車が，なぜ間違いなく次々と生産されるのかを課題とし，工場見学で熱心に観察しました。組み立てラインの様子などを，課題と結びつけて意欲的に調べ，まとめることができました。

◎ 日本の工業生産の様子について関心をもち，工場見学で調べたことを新聞にまとめました。見学でわかった生産工程や働く人の工夫だけでなく，貿易や運輸に関してもパンフレットで調べ，説明することができました。

○ 工業製品が自分たちの生活を便利で快適にしていることに関心をもち，意欲的に学習しました。調べていくなかで，環境に配慮しながら日本の工業が発展するように願う気持ちが育ちました。

○ 工業製品の販売先や，原料の入手先に関心をもち，輸出入について進んで地図やグラフで調べました。教科書や資料集だけでなく，図書室でも資料を探すなど，より詳しく調べようとする意欲が見られました。

△ さまざまな工業製品が生活を豊かにしている実例を，関心をもって調べました。日本の工業地域，貿易と運輸などについて，地図やグラフを読み取ることに関心がうすいようなので，指導しました。

4. 産業と情報との関わり

(1) 知識・技能　▶所見のポイント

- 放送，新聞などの産業と国民生活の関わりがわかる
- 大量の情報や情報通信技術の活用は，さまざまな産業を発展させ，国民生活を向上させていることがわかる
- 聞き取り調査をしたり，映像や新聞などの各種資料で調べたりして，まとめることができる

◎ 販売の仕事における情報の活用について，資料で詳しく調べました。商店で，大量の情報がどのように集められ，どのように活用されているのかを正しく理解し，図にまとめることができました。

◎ 新聞社の仕事について，働いている人の話を聞いてまとめることができました。正確な情報をわかりやすく早く伝えるために，働いている人が大切にしていることについて，よく理解できています。

○ 情報産業について資料で調べ，放送や新聞などの産業が国民の生活に大きな影響を与えていることがわかりました。また，それらに従事している人々の工夫や努力についてもよく理解しています。

○ □□業における，大量の情報を瞬時に収集したり，発信したりしている取り組みについて，事例を挙げてまとめました。情報の活用によってサービスが向上し，生活が便利になっていることをわかっています。

△ 情報化社会についての学習内容を確実に身につけました。メディアによって伝え方に特徴があることは理解しているので，受け手側がどのような注意をして情報を活用すればよいのかも考えられるよう支援しました。

(2) 思考・判断・表現　▶所見のポイント

- 放送，新聞などの情報産業の様子をとらえ，それらが国民生活に果たす役割を考え，文章で記述したり，議論したりする

- 産業における情報活用の現状をとらえ，情報を生かして発展する産業が国民生活に果たす役割を考え，文章で記述したり，議論したりする

社会

◎　情報産業と生活との関連について，課題をもってテレビ番組や新聞の作られ方，受け手の利用の仕方を調べることができました。その内容と自分の考えを結びつけて図表を示して発表することもできました。

◎　「販売の仕事では，どのような情報をどのように活用しているか」を調べ，現状をとらえました。情報の活用によって産業が発展し，自分たちの生活の向上につながっていることを考え，発表することができました。

○　調べたり考えたりしたことを表現する力が育っています。自分たちが多くの情報を受け取っていることを自覚し，調べたことをもとにして，必要な情報を選んで効果的に使う方法をまとめました。

○　新聞社の仕事について調べ，発信される情報が私たちの生活に大きな影響を与えていることをとらえました。自分たちの情報の受け取り方や生かし方と関連づけて，自分の考えをまとめました。

△　放送局の仕事を調べ，情報を発信する際の注意点について，考えをまとめました。情報の受け手側の注意点には気づいていなかったので，情報を適切に判断することの大切さにもふれるよう支援しました。

(3) 主体的に学習に取り組む態度　▶所見のポイント

- 放送，新聞などの情報産業の様子，産業における情報活用の現状を意欲的に調べる
- 放送，新聞などの産業が国民生活に果たす役割，情報を生かして発展する産業が国民生活に果たす役割を粘り強く考え，表現しようとする

◎　情報の活用に関心をもち，販売情報，気象情報など産業が活用している情報の種類を意欲的に調べました。調べたことをもとに，商店における情報活用の様子についてわかりやすく図にまとめることができました。

◎　放送局や新聞社の仕事や，情報を生かしている産業の様子を進んで調べました。調べたことを関連づけて，情報化社会のよさだけでなく，課題についてもしっかり考え，友達に自分の意見を発表しました。

○　「テレビ局では，ニュース番組をどのようにつくっているのか」に関心をもち，学習に取り組みました。教科書や資料集以外にも，複数のテレビ局のホームページなど，意欲的に調べました。

○　新聞社の見学では，進んでメモをとる態度が見られました。「正確な情報をわかりやすく早く伝えるための工夫」という課題を意識して見学することができました。

△　テレビ局の見学で，ニュース番組の担当者が，「早く，正しく，公正に」という努力をしていることに気づきました。見学の報告文をまとめるのが難しかったようなので，調べたことの整理の仕方を支援しました。

5. 国土の自然環境と国民生活の関わり

(1) 知識・技能　▶所見のポイント

- 自然災害と国土の自然条件との関連や，自然災害から国土を保全し国民生活を守るために国や県が対策事業を行っていることがわかる
- 森林は，その育成や保護に従事している人々のさまざまな工夫と努力により国土の保全などに重要な役割を果たしていることがわかる
- 人々の努力により公害の防止や生活環境の改善が図られてきたことともに，公害から環境や健康な生活を守ることの大切さがわかる
- 地図帳や各種の資料で調べ，まとめる

◎　地図や写真から自然災害の様子を読み取り，国土の自然条件と関連づけて白地図にまとめることができました。国や県の自然災害への対策や事業についてもよく理解しています。

◎　森林のさまざまな働きについて，教科書や資料で調べ，森林資源の役割

について理解しました。森林を維持するために育成や保護に従事している人々の工夫や努力と関連させて，まとめることができました。

社会

○　□□市の現在と過去の写真を比べ，どのように生活環境が改善されてきたのかという疑問をもち，資料を使って調べました。さまざまな立場の人が，協力して公害防止に取り組んできたことを理解しています。

○　県や市の，自然災害に対するさまざまな取り組みを調べました。避難場所の整備や，ハザードマップの作成などを調べ，どのような対策や事業を行っているかについて理解することができました。

△　県や市のホームページから，自然災害への対応や公害の防止に関する計画を調べることができました。資料が多すぎたため，読み取りきれない様子が見られたので，必要な資料に絞ってまとめるよう指導しました。

(2) 思考・判断・表現　▶所見のポイント

- 国土の自然災害の状況をとらえ，自然条件との関連を考え，文章で記述したり，説明したりする
- 国土の環境をとらえ，森林資源が果たす役割を考え，文章で記述したり，説明したり，議論したりする
- 公害防止の取り組みをとらえ，その働きを考え，説明したり，議論したりする

◎　自然災害と国土の自然条件を関連づけて，自然災害が発生する理由を考えることができました。また，国や県の防災対策が，どのような役割を果たしているかについても，自分の考えをまとめました。

◎　森林の大切さについて，資料で調べ，その働きを考えました。学習内容をもとに，森林資源を保護していくことがなぜ大切であるのかについて，自分の意見を述べることができました。

○　公害の発生時期や経過について調べ，公害防止の取り組みについてとら

えました。環境を守るためには多くの人の努力や協力が必要であることに気づき，自分たちには何ができるかを考えました。

○　ハザードマップの作成など，県が進めている防災対策の事例を調べました。自然災害が発生しやすい日本では，国民一人一人の防災意識を高めることが大切であるという考えをもつことができました。

△　「森林」の学習では，国内の森林の分布や，森林の働きなどを調べ，森林資源が果たす役割を考えることができました。まとめる際に，林業や森林の保護に関わっている人々にも目を向けるよう指導しました。

(3) 主体的に学習に取り組む態度　▶所見のポイント

- 国土の自然災害の状況，国土の環境，公害防止の取り組みを意欲的に調べる
- 自然災害と国土の自然条件との関連，森林資源が果たす役割，公害防止の取り組みの働きを粘り強く考え，表現しようとする
- 国土の環境保全のために自分たちに協力できることを考えようとする

◎　森林や公害の学習を通して，多くの人の努力と協力が環境保全につながっていることに気づきました。学習を通して，自分たちにも協力できそうなことを見つけ，友達にも積極的に呼びかけました。

◎　□□市の環境が改善されたことに興味をもち，年表や新聞記事などの資料を活用して熱心に調べました。さらに，□□市の現在の取り組みへと興味を広げ，積極的に調べるなど，学習を進めました。

○　森林の働きに関心をもち，年鑑や図鑑などで熱心に調べました。大気の浄化，水資源など，森林の具体的な働きをとらえ，さらに森林資源を守り育てることの大切さに関心が深まりました。

○　自然災害の学習では，写真を見ながら，被害の様子と自然条件との関連を考えました。台風や流れる水の働きなど，理科の学習内容を思い出しな

がら，災害の発生について考えている場面も見られました。

△　砂防ダムや堤防の建設など，災害に対する県の事業について意欲的に調べることができました。調べたことをまとめる活動で意欲が続かなくなってしまったので，得意な図やグラフを使ってみるよう助言しました。

3 社会［6年］

総合所見

主な学習項目	
わたしたちの生活と政治	● 日本国憲法の基本的な考え方 ● 国民主権，基本的人権の尊重，平和主義 ● 三権分立 ● 国や地方の行政と国民生活，税金
日本の歴史	● 狩猟・採集や農耕の生活，古墳，大和朝廷による統一 ● 大陸文化の摂取，大化の改新，大仏造営 ● 貴族の生活や文化 ● 源平の戦い，鎌倉幕府，元との戦い ● 室町文化 ● キリスト教の伝来，織田・豊臣の天下統一 ● 江戸幕府，参勤交代や鎖国，身分制 ● 歌舞伎や浮世絵，国学や蘭学 ● 黒船の来航，廃藩置県や四民平等，文明開化 ● 大日本帝国憲法，日清・日露の戦争，条約改正，科学の発展 ● 日中戦争や第二次世界大戦 ● 日本国憲法の制定
世界の中の日本	● 世界の人々の生活の様子 ● 地球規模の課題や世界の国々の課題 ● 国際連合，持続可能な社会 ● 課題解決に向けた連携・協力

評価の言葉（例）	
知識・技能	● 仕組みがわかる ● 働きがわかる ● 役割がわかる ● 具体的に調べる ● 資料を適切に集めて，読み取る ● 資料を正しく効果的に活用する ● 調べたことを，目的に応じてまとめる
思考・判断・表現	● 問題を見いだす ● 見通しをもって追究する ● 相互の関連や意味を多角的に考える ● 適切に選択・判断する ● 自分の考えを論理的に説明する
主体的に学習に取り組む態度	● 進んで○○する ● 関心をもつ ● 意欲的に調べる ● 生活に生かす

◎ 「日本の政治」の学習では，日本国憲法の基本的な考え方と国民生活を関連づけて考えることができました。国民主権の考え方をもとに国民生活の安定と向上がめざされていることを理解しました。

◎ 日本の歴史の学習では，事柄を関連づけながら知識を豊かにしています。主な人物の働きや文化遺産の価値について調べたことを，国の発展と関連づけるなど，考える力がいっそう伸びました。

◎ 日本の歴史に関心を深め，進んで調べました。調べたことについて自分の考えをもち，まとめたり説明したりすることができました。政治についての学習でも，まとめ方に工夫が見られました。

◎ 日本の国際協力の活動について，インターネットや新聞記事などを資料として，具体的な例を調べました。学習を通して，自分も世界の人々とともに助け合っていきたいという視野の広い見方，考え方が育ちました。

○ 日本の歴史の学習では，どの時代の学習についても資料を活用して積極的に調べました。歴史上の人物の意図や働きについて理解し，年表や図表など適切な方法でまとめることができました。

○ 「日本と世界のつながり」の学習で，経済や文化のうえでつながりの深い国の生活の様子を調べました。調べたことから，日本の文化や習慣との違いをとらえることができました。

○ 資料を活用して考える力が伸びました。日本国憲法の基本的な考え方と政治の関係や，世界の平和を守るための日本の役割などについて，複数の資料の内容を関連づけながら考えることができました。

○ 社会についての見方，考え方が成長しました。「日本の政治」の学習では，災害復旧や復興，防災対策の事例を調べ，安心して暮らせることと国の政治との結びつきを考えることができました。

△ 農耕の生活や古墳についての学習では，関心をもって石器や土器，むらや衣服の様子を資料で調べることができました。調べた事柄を米づくりと結びつけてまとめるのが難しいようなので，指導しました。

△ 歴史上の人物について，本や図鑑で詳しく調べることができました。人物の一生すべてをまとめようとしていたので，業績や考え方に焦点を絞るよう助言しました。

1. わたしたちの生活と政治

(1) 知識・技能

▶所見のポイント

- 日本国憲法の考え方や，日本の民主政治の仕組みがわかる
- 立法，行政，司法の三権の仕組みと働きがわかる
- 国や地方公共団体の政治の働きがわかる
- 見学・調査したり各種の資料で調べたりして，まとめる

◎ 日本国憲法の考えと政治の働きを結びつけて調べ，整理できました。日本国憲法の基本となる考えや，政治が憲法の定めにのっとって国民生活の安定と向上のために行われることを確実に理解しました。

◎ だれもが住みよい町を実現するための政治の働きについて，理解することができました。必要な資料を選び，学習課題にふさわしい調べ方やまとめ方をする技能も身についています。

○ 日本の政治の学習では，立法，行政，司法の三権について，資料で詳しく調べることができました。それぞれの役割や，相互の関連についてもよく理解できています。

○ 市役所の方の話を聞き，市が行っている政策について，計画から実施までの過程や，法令や予算との関わりについて理解することができました。税金が費用として使われていることもわかりました。

△ 日本の政治が日本国憲法に基づいて行われることを理解しました。基本的人権の尊重，国民主権，平和主義についてもよくわかっています。さらに，それらの意味や生活との関わりを理解するように指導していきます。

社会

(2) 思考・判断・表現　▶所見のポイント

- 日本の民主政治をとらえ，日本国憲法が国民生活に果たす役割や，国会，内閣，裁判所と国民との関わりを考え，文章で記述したり，説明したり，議論したりする
- 国や地方公共団体の政治の取り組みをとらえ，国民生活における政治の働きを考え，レポートなどにまとめたり，説明したりする

◎　政治に関する学習を通して，考えたり，表現したりする力が伸びました。調べたことをもとに，憲法に基づく政治が，生活の安定や向上にどのように結びついているかを考え，ノートにまとめることができました。

◎　調べたことをもとに，考える力が育っています。「身近な暮らしと政治の働き」では，災害に強い町づくりや人に優しい町づくりが，市の政治と市民が関わり合っている例であるという意見を発表しました。

○　町の障害者福祉センターなどは，町だけでなく，県や国の政治の働きと関わっているということを，憲法との関係でとらえ，自分の言葉で説明することができました。判断力，表現力が育っています。

○　憲法の基本的人権の尊重，国民主権，平和主義の大切さについて，自分の意見をまとめることができました。自分たちの実際の生活にどのように結びついているかについてもよく考えました。

△　市の政治が，市民のよりよい暮らしを実現するために行われること，その表れの一つが市営健康センターの建設であることについて考えることができました。さらに自分の考えを文章にまとめるよう，助言しました。

(3) 主体的に学習に取り組む態度　▶所見のポイント

- 日本国憲法が国民生活に果たす役割や，国会，内閣，裁判所と国民との関わり，国民生活における政治の働きを粘り強く考え，表現しようとする
- 日本の民主政治，国や地方公共団体の政治の取り組みを意欲的に調べる

◎　日本国憲法の基本的な考え方や主な定めに関心をもち，国民主権や国民の権利，義務などを意欲的に調べました。それらが実際の生活や政治とどのように結びついているかに関心をもって調べ，考えをまとめました。

◎　市立図書館ができるまでの政治の働きに関心をもち，図書館の人や利用者などの声を聞き，積極的に調べました。さらに，市政と税金や選挙との関係にも関心をもち，進んで考えをまとめました。

○　「暮らしと日本国憲法」の学習で，生活と政治のつながりに関心をもって学習しました。学習を通して，日本国憲法に基づく政治の働きにいっそう関心を深め，憲法と政治についての問題をつかみ，進んで調べました。

○　毎日の生活で果たす政治の働きについて積極的に調べました。市民の願いを実現させていく市の政治への関心を深め，「児童館と市の政治」について意欲的に調べました。

△　「市民生活と市の政治」の学習で，市民体育館ができるまでの政治の働きを熱心に調べました。市議会と市役所の関係がわかりにくいようなので，建設費用をどうしたかに関心が向くよう助言しました。

2. 日本の歴史

(1) 知識・技能　▶所見のポイント

- 日本の歴史上の主な事象を手がかりに，大まかな歴史がわかる
- 歴史上の主な事象に関連する先人の業績，優れた文化遺産がわかる
- 文化財や郷土資料館，地図や年表などのさまざまな資料で調べ，まとめる

社会

◎ 身分制度が厳しかった江戸幕府，廃藩置県や四民平等政策を行った明治政府について，確実に理解しました。また，調べたことを，近代化と国の安定をめざすという観点で整理してまとめることができました。

◎ 天皇中心の政治から武士の時代に移り，戦乱の世を経て天下が統一されるまでの歴史上の出来事について資料で調べ，理解しました。また，それらの出来事を主な人物の働きと結びつけてまとめることができました。

○ 「伊能忠敬と日本地図」の学習で，伊能忠敬の働きを通して，江戸時代の学問や文化の発展を理解しました。また，福沢諭吉などの人々と，西洋の文化を取り入れた近代化についても確かな知識をもっています。

○ 奈良の大仏などの建造物を，写真や絵で調べました。それらの文化遺産を，当時の世の中の様子や，聖武天皇などの人物の働きと結びつけて理解することができました。

△ 日中戦争や第二次世界大戦の様子について，写真や文章資料で調べることができました。さらに，戦争と人々の暮らしや願いを関係づけながら理解できるように助言しました。

(2) 思考・判断・表現

▶所見のポイント

- 歴史上の人物の働きや代表的な文化遺産について調べ，歴史上の出来事について考えを表現する
- 歴史上の人物の働きや文化遺産が国や社会の発展に果たした役割について考え，表現する
- 歴史を学ぶ意味を考え，文章で記述したり，説明したりする

◎ 歴史上の主な人物の業績だけでなく，果たした役割についても考えることができました。とくに，徳川家光の身分制度や大名の扱いなどの学習では，何をめざそうとした制度かを課題にして考え，文章にまとめました。

◎　歴史上の重要な出来事に問題意識をもって学習し，とくに，大化の改新や源平の合戦を熱心に調べました。これらの出来事が世の中の変化とどのような関係があったのかについても考え，まとめることができました。

○　室町時代から江戸時代にかけての文化の変化について，写真や図版を比べたり，文章資料を読んだりして考えました。武士の文化から町人の文化に移ったことをとらえることができました。

○　明治維新，日清・日露戦争，世界大戦などを，社会科資料集などの資料を使って調べました。戦争の原因，相手国，被害の状況を図表にまとめ，世の中の様子の変化について考えることができました。

△　「平和な日本へ」の学習で，戦後のさまざまな改革について，年表や資料集などで調べました。まとめる際に，現在の社会の課題や，日本がどのような国になっていったらよいかについても考えるように助言しました。

(3) 主体的に学習に取り組む態度

▶所見のポイント

- 歴史上の人物や代表的な文化遺産に関心をもち，意欲的に調べる
- 歴史の展開や先人の働きについて関心を深め，歴史や伝統を大切にしようとする

◎　「明治維新と新しい国づくり」の学習で，幕末から明治の初めに活躍した人物に興味をもち，意欲的に調べました。人物の働きや考えと出来事を結びつけてとらえようとする姿勢が大きく育ちました。

◎　歴史の学習に興味をもち，積極的に学習しました。「奈良の大仏」「武士の政治」の学習で，主な人物の働きを通して，そのころの政治や文化の特色をとらえようと複数の資料を活用して調べ，まとめました。

○　「平和な日本をめざして」の学習を意欲をもって進めました。戦後の改革や新しい憲法，国連加盟などの出来事を熱心に調べ，人々の願いを実現してゆく歴史の歩みをとらえました。

○　古墳に興味をもち，出土品や古墳の広がりなどについて資料で調べ，図や地図にわかりやすく表すことができました。また，地域の□□古墳を実際に見学し，写真を撮ってくるなど意欲的に調べました。

△　歴史上の人物に関心をもち，資料館などを活用して意欲的に調べました。主な人物と世の中の移り変わりを結びつけるのが難しいようでしたので，複数の資料を比較したり関連させたりして考えるよう指導しました。

3. 世界の中の日本

（1）知識・技能　▶所見のポイント

- 日本と経済や文化などの面でつながりが深い国の人々の生活が多様であることがわかる
- スポーツや文化交流などを通して，他国の異なる文化や習慣を尊重し合うことが大切であることがわかる
- 日本が平和な世界の実現のために国際連合の一員として重要な役割を果たしたり，諸外国の発展のために援助や協力を行ったりしていることがわかる
- 地図帳や地球儀，各種の資料で調べ，まとめる

◎　アメリカの暮らしや習慣などの様子について，教科書や資料集，図書室の本を活用し，詳しく調べて発表しました。また，友達の発表から，ほかの国の生活の様子についても理解することができました。

◎　「世界の中の日本」では，国連の活動や日本の国際援助をインターネットで調べ，図表にまとめました。国連の働きを，「世界の人々の平和を守る」という目的と，日本の役割に結びつけて理解しました。

○　日本の国際交流や国際協力の活動の状況を調べ，理解しました。また，国際連合の目的や活動の様子を，世界の人々の平和と暮らしの安定という観点から整理し，理解しています。

○　日本と関係の深い国々の生活の様子を図鑑やインターネットなどで調べました。生活の様子を調べていくなかで，それぞれの国の伝統や文化を尊重することの大切さについても，理解しました。

△　「日本と世界の人々」の学習で，地図，統計，写真や図などを使って調べ，内容を理解しました。まとめ方に苦心していたようなので，目的や内容に応じて，必要な資料を使うよう助言しました。

(2) 思考・判断・表現　▶所見のポイント

- 日本の文化や習慣との違いをとらえ，国際交流の果たす役割を考え，レポートなどにまとめたり，議論したりする
- 国際連合の働きや日本の国際協力の様子をとらえ，国際社会において日本が果たしている役割を考え，文章で記述したり，議論したりする

◎　「世界の未来と日本の役割」の学習で，日本が参加している民間組織や政府の国際援助の例を調べました。調べた事柄と，世界の中でともに助け合っていくことを関連させ，考えを文章にまとめることができました。

◎　「日本とつながりの深い国々」の学習では，韓国を選び，日本との関係を調べました。ほかの国々について調べた友達の発表も聞き，それぞれの国の文化を尊重する考えを身につけ，文章にまとめることができました。

○　ユネスコの活動を手がかりにして，国連の目的や活動を調べました。また，日本が果たしている役割について調べたことと合わせ，世界の平和の大切さと日本の役割について，自分の考えを説明することができました。

○　身近な国の暮らしや習慣などを調べる学習で，伝統行事や食習慣などを調べました。それらの事柄を通して，互いの暮らしや習慣を尊重することの大切さについても考えることができました。

△　教科書や年鑑を読み，日本と関係の深い国の様子や国連の働きについて考えることができました。考えたことを日本と世界全体との関わりから判

断することが難しいようなので，考えをまとめる方法を助言しました。

(3) 主体的に学習に取り組む態度

▶所見のポイント

- 日本と経済や文化などでつながりが深い国について，進んで調べる
- 地球規模で発生しているさまざまな課題と取り組みについて意欲的に調べる
- グローバル化する世界で日本が果たしている役割を粘り強く考え，表現しようとする

◎ 日本と外国との関係や，世界平和への日本の貢献に関心をもち，意欲的に調べました。日本人として，世界の人々とともに生きていく大切さについて，自分の意見を進んでまとめました。

◎ 「日本と関係の深い国」の学習では，韓国の文化や生活を，さまざまな資料で意欲的に調べました。学習を進めながら，日本と外国それぞれの伝統と文化を尊重することの大切さに気づきました。

○ 世界の人々の平和と環境を守る国連の働きに関心をもち，組織的な活動の様子を調べました。ユニセフ募金のパンフレットをもとに詳しく説明するなど，進んで資料を探すことができました。

○ 「日本とつながりの深い国々」の学習で，中国とのつながりを調べ，わかりやすく発表しました。ほかの国を調べた友達の発表にも関心をもち，自分で調べたことと比較しながら話を聞くことができました。

△ 日本と結びつきの深い国の人々の暮らしの様子に関心をもち，進んで調べました。地形や産業の特色を詳しく調べることはできていたので，日本との関係や人々の生活にも関心を向けられるように助言しました。

4 算数［5年］

総合所見

主な学習項目	
数と計算	●偶数，奇数 ●約数，倍数 ●整数，小数の表し方 ●小数のかけ算，わり算 ●分数と整数，小数の関係 ●異分母の分数のたし算，ひき算 ●数量の関係を表す式
図形	●多角形，正多角形 ●図形の合同 ●円周率（3.14） ●角柱，円柱 ●三角形，平行四辺形，ひし形，台形の面積 ●体積の単位（cm^3，m^3） ●立方体，直方体の体積
変化と関係	●比例の関係 ●単位量当たりの大きさ（「速さ」も含む） ●百分率
データの活用	●円グラフ，帯グラフ ●測定値の平均

評価の言葉（例）	
知識・技能	●性質や記数法がわかる ●求め方がわかる ●意味や性質がわかる ●関係の調べ方がわかる ●グラフを読んだりかいたりする ●計算を確実にする ●面積や体積を求める（公式） ●図形の性質を調べる ●数量の関係を表したり調べたりする
思考・判断・表現	●論理的に考える ●統合的，発展的に考える ●多面的にとらえる ●目的に合った表現をする
主体的に学習に取り組む態度	●進んで○○する ●振り返る ●粘り強く考える ●考察処理するよさに気づく ●論理的に考えるよさに気づく ●生活や学習に生かそうとする

◎　小数が整数と同じ十進位取り記数法で表されることがわかり，小数のかけ算，わり算が確実にできるようになりました。直方体と立方体の体積を求める方法を考え，言葉で正しく説明することもできました。

◎　「平均」の意味と使い方を理解し，平均の値から全体の量の求め方を考えることができました。また，図形の内側の角について調べ，三角形の内角の和が180°であることから，多角形の内角の和の求め方を考えました。

◎ 「正多角形」の学習後に，コンピュータに正方形をかかせるプログラムづくりに取り組みました。また，同じ考え方を使って，正三角形や正五角形等の正多角形や星型の図形をかくプログラムづくりに挑戦しました。

◎ 面積の大きさについて豊かな感覚を身につけていますので，答えを出すときにふさわしい単位を使えます。また，公式を用いて面積を求めるときも，どの単位を使うといちばんよいのかを意識して計算しています。

○ 「割合」の考え方で，もとにする量を1とみたときの比べられる量がどれだけに当たるかを正しく計算することができます。また，角柱や円柱の性質がわかり，見取図，展開図を正確にかくことができます。

○ 分母の違う分数のたし算，ひき算で，約分，通分の仕方を筋道を立てて考えました。平行四辺形や三角形の面積を求めるときにも，適切な方法を考え，図と言葉で説明しました。算数の考える力が伸びています。

○ 小数の計算で，小数第3位までのかけ算，小数第2位までのわり算，どちらも計算の仕方がわかり，実際の問題場面で活用できます。三角形，平行四辺形の面積の求め方を，習ったことを生かして考えました。

○ 整数を，性質によって約数，倍数のようにまとまりとするとらえ方ができ，最大公約数，最小公倍数の求め方を理解しました。さらに，図形の性質をもとに多角形の角の大きさを考え，内角の和が求められました。

△ 割合，百分率などの意味がわかり，円グラフや帯グラフをかくことができます。分数のかけ算，わり算では，計算の仕方に慣れてきましたが，文章題の式の立て方に迷うので，問題の読み取り方の復習を指導しました。

△ グラフを読んだりかいたりすることができます。さらに，学習したことを振り返り，社会科のグラフの読み取りに生かすなど，ほかの教科の学習に活用できるように支援していきます。

1. 数と計算

(1) 知識・技能　▶所見のポイント

- 偶数と奇数，約数と倍数，最大公約数，最小公倍数の意味がわかる
- 整数を観点を決めて，偶数と奇数，約数と倍数のように分類する
- 10倍，100倍，$\frac{1}{10}$～$\frac{1}{1000}$の大きさの数の記数法を理解する
- 小数のかけ算，わり算の意味がわかり，計算する
- 異分母の分数のたし算，ひき算の意味がわかり，計算する

◎　偶数と奇数，約数と倍数，最大公約数，最小公倍数の意味がわかり，使うことができました。整数がこのような数の仲間に分類できることもよくわかっています。数についての理解が進みました。

◎　小数のかけ算，わり算が正確にできました。小数のかけ算，わり算の意味もわかり，文章題の式の立て方，計算の仕方も理解して正しく説明ができました。

○　分母の違う分数のたし算，ひき算の仕方が身につきました。同じ分母にするために通分をすることも，答えが約分できる場合は約分することも正しくできています。分数の計算力に進歩が認められます。

○　約数，公約数（最大公約数），倍数，公倍数（最小公倍数）などを的確に求めることができました。また，偶数，奇数の意味を，例を示して説明することもできました。整数の分類についての技能が身につきました。

△　小数のかけ算やわり算の意味や計算の仕方を理解しました。文章題で式を立てるときにうまくいかないときがありましたので，整数の場合と結びつけて考えるよう指導しました。今後も指導を続けていきます。

(2) 思考・判断・表現　▶所見のポイント

- 整数を，観点を決めて偶数と奇数，約数と倍数のように分類する
- 10 倍，100 倍，$\frac{1}{10}$～$\frac{1}{1000}$の大きさの数をつくり，関係を考える
- 小数のかけ算，わり算の計算法を，学習したことをもとに考える
- 異分母の分数のたし算，ひき算の計算法を考える

算数

◎　小数のかけ算，わり算のきまりが，整数の場合をもとに考えられることに気づき，小数点の位置に気をつけて計算する方法を考え，説明できました。計算をする式の意味も考えるなど，思考力が伸びました。

◎　異分母の分数のたし算，ひき算の学習で，分母をそろえて計算すればよいことに気づき，公倍数の考えを生かして通分をして分母をそろえることを説明しました。

○　分数と小数との関係について，整数，分数，小数を一つの数直線に表すにはどうしたらよいかを，筋道を立てて考え，図と言葉で説明できました。数についての理解と，考える力の向上が見られます。

○　分母の違う分数のたし算やひき算の意味と，計算の仕組みを理解しました。そのため分数のたし算やひき算が，どのような場面で用いられているのかも正しく判断することができました。

△　小数は，整数と同じ十進位取り記数法で表すことを，ある数を 100 倍や$\frac{1}{1000}$にした数をつくって考えました。それを小数点の移動で説明したり，計算に生かしたりすることは難しいようなので，指導を続けます。

(3) 主体的に学習に取り組む態度　▶所見のポイント

- 偶数と奇数，約数と倍数など，整数の類別について進んで調べる
- 整数も小数も十進位取り記数法の仕組みにしてあるよさに気づく
- 小数のかけ算，わり算の計算の仕方を考えようとする
- 異分母の分数のたし算，ひき算の仕方を考えようとする

◎　整数と小数の仕組みが同じであることに気づき，そのことを小数のかけ算，わり算の仕方を考えるときに役立てることができました。小数のかけ算，わり算とも学習したことをもとに，進んで考えることができました。

◎　学級の子どもたちを二つのグループに分けるとき，偶数と奇数の学習を生かして，出席番号の偶数と奇数でグループ分けできることに気づきました。学習したことをふだんの生活に生かそうとしています。

○　分数のたし算，ひき算の学習で，通分して分母を同じにすることや答えを約分することのよさがわかり，意欲をもって学習しました。そして，帯分数の計算，分数と小数の計算へと順調に進み，確実に理解しました。

○　整数の性質，整数や小数の記数法について意欲的に学習し，数についての感覚が豊かになりました。小数や分数の計算の仕方についても，正確に理解しようとしていました。

△　小数のかけ算やわり算の学習に関心をもち取り組みました。計算の仕方を考えることには関心がうすいようなので，整数と同じように考えてみるとよいことを助言しました。

2. 図形

(1) 知識・技能　▶所見のポイント

- 多角形，正多角形の性質がわかる
- 円の中心角を利用して正多角形をかく
- 図形の合同の意味がわかり，合同の条件がわかる
- 円周率を理解し，公式を使った円周の求め方がわかる
- 円柱や角柱の性質と見取図，展開図の読み方，かき方がわかる
- 三角形，平行四辺形，ひし形，台形の面積の公式を理解し，面積を求める
- 直方体や立方体の体積の公式を理解し，体積を求める

◎　五角形，八角形，多角形という用語の意味がわかり，円をもとにして正多角形をかく方法を理解しました。また，円周率，直径，円周の関係も理解し，公式によって円周を求めることができました。

◎　立方体や直方体について，体積の公式の意味がよくわかり，的確に公式を用いて，ふさわしい単位を選んで体積を求めることができました。また，立方体と直方体が合体した立体の体積の求め方も理解しました。

○　図形の合同の意味がわかり，合同になる辺と角の条件も正しく理解しました。合同な図形を見つけてその理由を説明したり，合同な図形を正確にかいたりする方法もわかっています。

○　三角形，平行四辺形，ひし形，台形，それぞれの面積を求めることが正しくできます。面積の公式の意味をよく理解したうえで，適切に使えます。

△　三角形の面積を，公式を使って求めることができます。三角形の図の高さを測って面積を求める場合，高さがどこなのかを見つけることが難しいようなので，底辺に垂直に線を引くことを指導しました。

算数

(2) 思考・判断・表現　▶所見のポイント

- 多角形，正多角形の性質を調べる
- 図形の合同について調べる
- 円周の長さを調べ，円周率の求め方を考え，説明する
- 円柱や角柱の性質について調べる
- 図形の性質を見いだし，それを用いて図形を調べたり構成したりする
- 三角形，平行四辺形，ひし形，台形の面積の求め方や公式を考える
- 直方体や立方体の体積の求め方や公式を考える

◎　図形の性質をもとに「合同な図形」を見つけたり確かめたりすることができました。また合同な図形のかき方を工夫し，その考えをわかりやすく説明できました。

◎ 三角形，平行四辺形，ひし形，台形の面積の公式を考える学習で，どの図形についても，4年生までの学習内容を生かして，筋道を立てて考えることができました。それらの考えを適切に説明することもできました。

○ 円の周りの長さを，正方形や正六角形の周りの長さを根拠にして予想しました。直径と円周を測定して，円周と直径の関係を見つけることができました。

○ 直方体や立方体の体積を求める公式を，知っていることと関係づけて考えました。1 cm^3 を単位にする考え方もでき，体積や容積を求める公式まで考えをつないでいくことができました。

△ 円柱と角柱の性質を相互に比較しながら調べました。わかったことを用いて展開図をかこうとしましたが，とまどっていましたので，再度，厚紙で作った円柱を開いて確認し，指導しました。

(3) 主体的に学習に取り組む態度 ▶所見のポイント

- 多角形，正多角形に関心をもち，その性質を進んで調べる
- 図形の合同について調べようとする
- 円周の長さに関心をもち，円周率を理解しようとする
- 円柱や角柱の性質について調べようとする
- 三角形，平行四辺形，ひし形，台形の面積の求め方を考えようとする
- 体積の単位や直方体，立方体の体積の求め方を考えようとする

◎ 体積の意味や単位に関心をもち，直方体や立方体の体積を求める方法を工夫しようと，意欲をもって調べたり考えたりしました。単位の 1 cm^3 がわかると，そのいくつ分かの求め方に気づき，説明できました。

◎ 正六角形や正八角形などの性質と円との関係に関心をもち，進んで調べました。調べたことを生かし，円をもとにして正多角形のかき方を工夫しようとする様子が見られました。学習への熱意が感じられます。

○　「円」の学習で，円周・直径・円周率を関連づけて考えることができました。円の大小にかかわらずそれらの関係が同じであることに気づき，さまざまに応用することができました。

○　三角形や平行四辺形の面積に興味をもち，その求め方を正方形，長方形の面積の求め方と結びつけて考えようとしました。そして，平行四辺形を長方形に変えることに気づき，面積の求め方を考え出しました。

△　「円柱と角柱」の学習で，身の回りの立体からその形を熱心に見つけました。それらの見取図や展開図を正確にかくことには関心がうすいようなので，かき方を指導しました。

3. 変化と関係

(1) 知識・技能

▶所見のポイント

- 伴って変わる二つの量の比例の関係を理解する
- 単位量当たりの考えを実際の場面に活用する
- 速さの表し方や求める公式を理解する
- 百分率の求め方がわかる

◎　数量を比べることに関心をもって，単位量当たりという考えで混み具合や人口密度を比較したりすることができるようになりました。割合の考え方で物事を処理する技能が伸びました。

◎　比例の関係を表す式の意味や変化の様子がわかり，そのように変化する数量の例を挙げることができました。また，二つの数量を表にすると変化の特徴がわかりやすいことに気づきました。

○　単位量当たりの大きさから，全体の量を求めたり，ほかの量の大きさと比べたりする方法を確実に理解しました。身の回りの事柄についても，この方法を活用しています。

○　速さを求める公式（速さ＝道のり÷時間）を理解しています。この公式を活用して，速さ，距離，時間をそれぞれ求めることができました。

△　割合，百分率，歩合などの言葉の意味がわかっています。まだ，計算によって割合を出すことは難しいようなので，小数のわり算について復習しています。

(2) 思考・判断・表現　▶所見のポイント

- 伴って変わる二つの量の比べ方や表し方を考える
- 単位量当たりの大きさから全体の量を知る方法を考える
- 速さの意味や，表し方，求める公式について考える
- もとにする量を１とみたときの比べられる量の割合を考える

◎　もとにする量を１とみたとき，比べられる量がどれだけに当たるかを，数直線を使って考えたり説明したりできました。また，百分率の考え方を身近な場面でも活用できるようになりました。

◎　速さについて，日常使われている意味や表し方を調べ，速さを求める式を考えました。そして，距離と時間が違う列車の移動を例にして，速さを比べる方法を筋道を立てて考え，言葉で説明できました。

○　割合の求め方や，比べられる量やもとにする量を求める方法を考え，説明することができました。

○　「単位量当たりの大きさ」の考えを身近な場面で使えます。学習内容を身近な場面で活用する思考の力が育ってきています。

△　もとにする量を１とみたときの，比べられる量の大きさを表す割合を考えることができました。文章題でもとにする量がどれなのかを見つけるのが難しいようなので，問題の読み取り方を指導しました。

(3) 主体的に学習に取り組む態度　▶所見のポイント

- 伴って変わる二つの量に関心をもち，調べる
- 単位量当たりの大きさについて進んで調べる
- 生活のなかでの速さについて調べ，役立てようとする
- 百分率や歩合について知ろうとする

算数

◎　生活のなかから，百分率や歩合が使われている場面を進んで探しました。広告ちらしや店頭表示に使われていることを発表し，商品の値段が，その割合でいくらか計算で求めることもできました。

◎　人口密度に関心をもち，地図帳から世界の人口密度を調べ，人口密度が高い国や低い国を学級新聞にまとめていました。

○　学習したことを実際の生活場面に結びつけて活用しようと，速さのとらえ方，求め方を調べたり考えたりしました。距離と時間に着目して，単位となる速さの表し方を追究しました。

○　割合として変わる二つの数量について，比べたり表したりする技能を身につけました。もとにする量，比べられる量，割合の関係を正しくとらえ，身の回りの具体的な場面で活用しようとしています。

△　「単位量当たりの大きさ」の考えを理解しています。身の回りの生活の場面で，どう使われているのかについては関心がうすいようです。日ごろの生活のなかで事柄を取り上げながら，支援を続けていきます。

4. データの活用

(1) 知識・技能　▶所見のポイント

- 円グラフや帯グラフの読み方やかき方がわかる
- 割合を円グラフや帯グラフに表す
- 平均の意味や求め方を理解する

◎ 円グラフや帯グラフは，面積の大小で百分率の大小がわかることを理解しました。円グラフと帯グラフの用途の違いについても理解し，目的に応じて使うことができます。

◎ 平均の意味がわかり，正しく求めることができます。数量を比べるとき，平均の考え方で処理する技能が身につきました。

○ 学級で調査したアンケート結果をもとに，割合を計算して円グラフや帯グラフを正確にかくことができました。

○ 百分率で，全体の量に対する部分の量を求めたり，部分の量から全体の量を求めたりすることが，正確にできます。円グラフや帯グラフのかき方も誤りなくできました。

△ 割合，百分率，歩合などの言葉の意味がわかっています。まだ，それらを帯グラフ，円グラフに表すのは難しいようです。計算の仕方やグラフをかく手順を指導していきます。

(2) 思考・判断・表現　▶所見のポイント

- 円グラフや帯グラフから特徴を調べる
- 平均の求め方を考え，生活に生かす

◎ バスケットボールのシュートのうまさを比べるのに，投げた回数と入った回数に着目して，平均で考える考え方を説明し，比べていました。

◎ 社会科の資料読み取りの学習で，グラフを読み取る力が大いに生かされています。複数の帯グラフから年度別の変化を読み取り，そこから判断できることをいくつもノートに書いていました。

○ サッカーの１試合当たりの平均得点について考える学習で，平均を求めるときに得点が０点の場合も含めて考えることや平均が小数になる場合があることを，友達にわかりやすく説明していました。

○　学年ごとに好きな給食のメニューを調べ，その割合を，円グラフや帯グラフに表しました。そのグラフから，どんなメニューが好かれているかを判断し，発表していました。

△　百分率の考え方ができるようになりました。数を四捨五入して整数で表す円グラフをかく方法を考えることもできました。グラフの角度を考えるのが難しいようなので，１％は何度になるかを指導しました。

算数

(3) 主体的に学習に取り組む態度　▶所見のポイント

- 資料を整理して，円グラフや帯グラフに表そうとする
- 平均の意味や求め方に関心をもち，理解し活用する

◎　学習した統計的な問題解決の方法を用いて，身の回りから自分で調査してみたいテーマを決め，意欲的に取り組みました。データを集めて適切なグラフに表し，結論を生活に生かそうとする態度が育っています。

◎　平均の学習を生かして，自分の１歩の歩幅の平均値から，自宅から学校までの距離などいろいろな距離を進んで調べました。

○　百分率は割合を整数で表せることに関心をもち，それを円グラフや帯グラフで示すことのよさに気づきました。そのようなグラフのかき方を進んで知ろうとするなど，意欲的な学習態度が育っています。

○　「平均」の意味や求め方を知って，そのよさに気づき，学習や生活のなかで積極的に利用しようとする姿が見られました。

△　円グラフや帯グラフを作ることに取り組みました。百分率を計算したり，１％分の表し方を考えたりすることが難しく，意欲が続かないようでしたので，小数の計算などを復習するよう指導し，励ましました。

5 算数［6年］

総合所見

主な学習項目		評価の言葉（例）	
数と計算	・分数のかけ算，わり算 ・分数倍の意味と使い方 ・分数と小数のまじった計算 ・文字を使った式	知識・技能	・計算，図形の意味を理解する ・円の面積の求め方を理解する ・体積の公式を理解する ・数量の関係を理解する ・計算を確実にする ・図形を構成する ・面積や体積を求める ・公式を確実に使う ・数量の関係を表したり調べたりする
図形	・線対称，点対称 ・縮図，拡大図，縮尺 ・およその形，およその面積 ・円の面積の求め方 ・角柱，円柱の体積	思考・判断・表現	・論理的に考える ・発展的，統合的に考える ・多面的にとらえる ・目的に合った表現をする
変化と関係	・比例の関係 ・反比例の関係 ・比，比の値	主体的に学習に取り組む態度	・進んで○○する ・振り返る ・粘り強く考える ・考察処理するよさに気づく ・論理的に考えるよさに気づく ・生活や学習に生かそうとする
データの活用	・ドットプロット，代表値 ・度数分布を表す表やグラフ（柱状グラフ，ヒストグラム） ・統計的な問題解決の方法（PPDAC） ・場合の数		

◎　円の面積を，5年生で学習した面積の単位や図形のとらえ方に結びつけて考え，求めることができました。また，線対称や点対称な図形の性質を調べ，図形をかくこともできました。思考力，技能が伸びました。

◎　資料をドットプロットに表して平均やちらばりを調べ，統計的に考察したり表現したりすることができるようになりました。比例についても意欲的に調べ，比例の関係を使っていろいろな問題を解決していました。

◎　野球場や県のように広い地域のおよその面積を，縮尺を使って求める技能を身につけました。分数と小数がまじったかけ算，わり算の計算や，逆数，帯分数などを含む計算もできました。

◎　「場合の数」の学習で，並び方や組み合わせなどを落ちや重なりなく順序よく調べる仕方を身につけました。線対称な図形の対称の軸の数についても，落ちや重なりなくとらえました。

○　「文字と式」の学習で，わからない数をxにして式を立て，答えを求める方法を理解しました。「対称な形」の学習では，線対称や点対称な図形の性質がわかって，そのような図形をかくことができました。

○　5年生で培った計算の力を発展させ，今学期の新しい「分数のかけ算」「分数のわり算」が確実にできるようになりました。また，二つの数量を比で表したり，比の値や比例配分の問題を解いたりする力もつきました。

○　縮図，拡大図が身の回りで利用されている場面に気づき，その性質や特性をとらえようと，意欲的に学習しました。さらに，比例の意味やそのグラフの特徴も熱心に調べるなど，積極的な学習が成果をもたらしました。

○　分数のかけ算，わり算の式の意味と計算の仕方がわかりました。また，分数と小数のまじったかけ算やわり算では，小数を分数になおして計算する仕方に気づき，説明できました。

△　二つの数量の関係を表すのに，「比」で表したり，「等しい比」をつくったりすることができました。「線対称」「点対称」の意味は理解していますので，作図では，より能率的なかき方ができるように指導しました。

△　「およその面積」の意味，使い方，求め方を理解しました。柱状グラフ（ヒストグラム）のかき方では，平均やちらばりの意味，考え方につまずきが見られましたので，実例を挙げて指導しました。

1. 数と計算

(1) 知識・技能　▶所見のポイント

- 分数のかけ算，わり算の意味と仕方がわかる
- 分数のかけ算，わり算をする
- 分数と小数がまじった計算の仕方がわかり，計算をする
- 文字を使った式のつくり方，未知の数の求め方がわかる

◎ 分数のかけ算では，帯分数を含む分数の計算の仕方や，逆数の意味と使い方がわかりました。分数のわり算でも，わる数が帯分数である場合を含め，確実に計算ができます。分数倍の意味も正しく理解しました。

◎ 分数のかけ算，わり算の学習で，式の意味を理解し，計算の仕方も確実に身につけました。分数，整数，小数とかけ算，わり算，たし算，ひき算がまじった計算の仕方もよく理解しています。

○ 「文字を使った式」の学習で，5年生まで□や○を使って式をかいていた代わりに，x や y，a，b などの文字を使う意味と用法を理解しました。未知数を x として適切な式を立て，x を求める仕方も理解しました。

○ 分数のかけ算とわり算が，どのような場面で使われるのかを理解しました。 問題を図や数直線にかくことの意味がわかり，確かめることができました。

△ 分数のかけ算，わり算の仕方がわかりました。まだ，分数のかけ算とわり算のまじった式の計算の仕方については難しいようなので，かけ算だけの式になおすことを指導しました。

(2) 思考・判断・表現　▶所見のポイント

- 分数のかけ算，わり算の意味と仕方を考える
- 分数と小数がまじった計算の仕方を考える
- 文字を使った式を立てて，わからない数を見つける方法を考える

◎　分数のかけ算やわり算の意味や答えの求め方を，それまでの学習内容と関連させて筋道を立てて考え，説明することができました。算数の考え方の基礎が確実に身についています。

◎　わからない数があっても，その数を x などの文字を使えば式に表せることに気づき，いろいろな問題で文字を使った式に表し，問題の答えを導き出していました。

○　分数のかけ算やわり算の意味を，身の回りの具体的な場面の問題から考え，式を立てて答えを求めることができました。また，分数や小数の混合した式について，場面を問題として示すこともできました。

○　分数の計算について，以前に学んだ事柄をもとにして順序よく考え，計算の仕方を理解しました。文章問題の場面についても，数直線をもとに考えて，式を立てることができました。

△　分数のかけ算，分数のわり算の計算の仕方を，整数や小数の場合をもとに考えることができました。分数でわる，分数倍する，という意味がとらえにくいようなので，重ねて指導しました。

(3) 主体的に学習に取り組む態度　▶所見のポイント

- 分数のかけ算，わり算の仕方を考えようとする
- 分数と小数がまじった計算の仕方を考えようとする
- 文字を使って式をかくことのよさに気づき，進んで利用する

◎　「文字と式」の学習で，x や y，a などの文字を使って式に表すことのよさに気づき，進んで利用しました。具体的な問題の場面で，求めたい数を y，もとにする量を x として式に表すことができました。

◎　分数のかけ算，わり算に関心をもって，意欲的に計算の仕方を考え，分数を三つかける計算などにも取り組みました。文章で書かれた問題に対しても，図にかいてみるというように，工夫して解こうとしていました。

○　分数のかけ算の仕方を進んで考え，よくわかるまで追究しました。分数のわり算では，分数が三つまじった計算や分数と小数が混合した計算の仕方についても，納得するまで調べたり考えたりしました。

○　分数のかけ算で，計算の途中で約分すると計算しやすいことや，真分数にその逆数をかけると積が1になることなどに計算のおもしろさを感じたようです。分数のわり算でも，進んで学習に取り組みました。

△　分数のかけ算，分数のわり算，どちらも基本的な意味や方法がわかり，学習への興味がわきました。仮分数や帯分数がまじったり，小数が加わったりすると意欲を失いそうなので，復習しながら支援しました。

2. 図形

(1) 知識・技能　▶所見のポイント

- 線対称や点対称の対応する点，角，辺，対称軸，中心がわかる
- 線対称や点対称の，多角形との関係がわかり，図形をかく
- 縮図や拡大図の表し方がわかり，図形をかく
- 縮図や拡大図，縮尺の意味と表し方がわかり，利用する
- 円の面積の意味や求め方がわかる
- 角柱と円柱の底面積や高さをもとに，体積を求める方法がわかる
- 角柱，円柱の体積を公式を使って求める
- およその面積の求め方がわかる

◎ 線対称や点対称な図形を速く正しくかく方法を考え，適切に作図することができました。対応する点，辺，対称の軸や対称の中心も正しく示すことができました。作図する確かな技能が身につきました。

◎ 身の回りのさまざまな立体について，公式を活用して体積を求めることができるようになりました。角柱，円柱の底面積と高さの意味を理解し，体積を求める公式を正しく適用する力が身についています。

算数

○ 拡大図，縮図の学習内容をよく理解しています。拡大図，縮図をかく方法が身につき，利用の仕方もわかりました。地図の縮尺から実際の距離や道のりを求めることもできました。

○ 「およその面積」の意味を理解し，実際に求めることができました。広い地域の面積についても，縮尺の考え方を使っておよその面積を求めることができました。

△ 線対称の対称軸と対応する点をつなぐ直線との関係など，線対称や点対称について理解が深まりました。点対称については，180°回転した形での点，辺，角柱の対応関係がとらえにくいようなので，指導しました。

(2) 思考・判断・表現 ▶所見のポイント

- 線対称や点対称な図形の性質を考える
- 線対称や点対称を見つけたり，合理的に作図する仕方を考えたりする
- 縮図や拡大図の特徴，性質を調べる
- 縮図や拡大図，縮尺の意味や表し方について調べる
- 円の面積を求める方法を，単位面積の考え方と結びつけて考える
- 角柱，円柱の体積の求め方を，図形の特徴から公式へと考えていく
- 広い面積をもつ土地などの，だいたいの形とおよその面積を考える

◎ 縮図，拡大図が使われている事例を調べて，その特徴や性質について考えました。また，図形の形を変えずに大きさを縮めたり拡大したりした図形をかく方法を考え，説明することができました。

◎ 「およその面積」の学習で，面積を知りたい図形のだいたいの形と面積の求め方を，順序よく考えていました。広い地域の面積は，縮尺を利用して距離を知り，概算して求める意味もとらえることができました。

○ 「角柱と円柱の体積」の学習で，「角柱，円柱の体積＝底面積×高さ」という公式の意味と使い方を調べました。さらに，三角柱の体積を例にして，単位の立方体の量という，体積の意味を考えました。

○ 線対称や点対称な図形の特徴を調べて，対応する点，辺，対称の軸や対称の中心を見つけました。それに基づいて，線対称や点対称な図形をかく方法を考えることができました。

△ 円の面積の求め方を，単位面積（$1\,cm^2$，$1\,m^2$ など）の考え方や，以前に学習した図形の面積の求め方と結びつけて考えることができました。円を細かく三角形に分ける求め方は難しいようなので，指導しました。

(3) 主体的に学習に取り組む態度　▶所見のポイント

- 多角形の線対称や点対称との関係を意欲的に見つけようとする
- 線対称や点対称な図形を探し，その性質を調べようとする
- 縮図，拡大図が実際に使われている事例を調べようとする
- 縮図や拡大図，縮尺に関心をもち，その特徴と性質を知ろうとする
- 円の面積を既習の図形と関連づけて求めようとする
- 角柱，円柱の体積を底面や高さを手がかりにして求めようとする
- 実際の地域などの形と広さをおよその面積としてとらえようとする

◎ 角柱や円柱の体積の意味と求め方を進んで調べました。体積の求め方を手がかりにして底面積や高さに目を向け，公式に結びつけることができました。算数の問題解決に対する意欲的な学習態度が認められます。

◎ 対称な図形に関心をもち，線対称や点対称な図形を熱心に見つけ，その図形の性質をとらえました。また，多角形と線対称や点対称との関係も進んで調べました。

○　縮図，拡大図に関心をもち，身の回りでそれらが利用されている事例を見つけました。また，縮図，拡大図の特徴や性質をとらえようとして調べました。

○　半径がわかっている円の面積を，どうしたら求められるかという問題に関心をもち，意欲的に取り組みました。以前に学習した図形の面積の求め方に関連づけて，考えを進めることができました。

△　公園などの身近な場所の面積の求め方に関心をもって取り組みました。複雑な形をしているときのおよその面積を考えることが難しく意欲を失いそうなので，概形，概算について指導しました。

3. 変化と関係

(1) 知識・技能

▶所見のポイント

- 比例，反比例の関係がわかる
- 比例と反比例の関係を使って，具体的な問題を解決する
- 二つの数量の関係を比で表す方法がわかる
- 比の性質を活用して，比や比の値，等しい比を求める

◎　比例の関係を利用することで，問題を手際よく解決することができるようになりました。また，比例のグラフの特徴を理解し，グラフからいろいろなことを読み取ることもできました。

◎　数量関係を処理する能力が伸び，比例の関係を表やグラフに表して，その特徴をとらえたり，問題を解いたりすることができました。

○　比例の学習で，二つの数量の関係を表にして調べる方法がわかりました。表やグラフからも，比例の特徴を正しく読み取ることができました。

○　比や比例についての意味を理解し，二つの数量の関係を比で表したり，式で表したりすることができました。

△　割合を比で表す方法の意味，利点，具体的な使い方などの理解が進みました。実際に比を使って問題を解くときは，わかっている数値と求めたい数値の確認ができるように指導しました。

(2) 思考・判断・表現　▶所見のポイント

- 二つの数量の関係を比や等しい比で表す方法を考える
- 比例の関係に関心をもち，表やグラフの特徴を調べる

◎　二つの数量をそのまま使って割合を表す「：」のよさがわかり，比や比の値について，以前に学習した割合と比べて考えることができました。比を簡単にしたり，比例を使って問題を解決したりすることもできました。

◎　比の意味を学習したときに，既習の割合と関連づけて自分の考えを説明するなど，統合的に考える力が育っています。

○　伴って変わる二つの数量の関係を，表や式，グラフなどを使って考えることができました。身の回りから比例の関係の例を見つけたり，その関係を利用して問題の答えを求めることもできました。

○　ミルクティーを作るのに，牛乳と紅茶の比例配分する方法を，比の値や図を用いて考え，説明することができました。

△　伴って変わる二つの量の関係について考える際，関係のきまりについてとらえにくいようなので，二つの量を順序よく変化させて調べるよう指導しました。

(3) 主体的に学習に取り組む態度　▶所見のポイント

- 二つの数量の関係を比で表す方法を考えようとする
- 比例の関係を表す表や式，グラフを調べようとする
- 比例関係を問題解決に活用する

◎　画用紙の枚数を数えず求める方法を，厚さと枚数や重さと枚数などの，二つの数量の比例関係に着目して考え，求めることができました。日常生活のなかで，比例関係を生かそうとする態度が育っています。

◎　生活のなかに，比例の関係にある事象が数多くあることに気づいてから，伴って変わる量の関係を調べる活動に関心をもちました。日常の問題の解決に比例の関係を活用しようとしていました。

○　「比」が二つの数量の関係を表すことに関心をもち，進んで数の関係を比で表したり，等しい比をつくったりしました。また，比の関係を使った問題づくりにも取り組みました。

○　比例の関係に関心をもち，表から読み取ったり，比例のグラフの特徴をとらえたりしました。また，反比例の関係についても，グラフの特徴を読みとろうとして，調べました。

△　等しい比を求めたり，比を簡単にしたりする問題に取り組みました。どのように比を当てはめればよいかがわかりにくく意欲を失いそうでしたので，図に置き換えて比に表すことを指導しました。

4. データの活用

(1) 知識・技能　▶所見のポイント

- 代表値の意味や求め方がわかる
- 資料の特徴に従って，柱状グラフ（ヒストグラム）やほかのグラフを選んでかく
- いろいろなグラフから，その特徴を読み取る
- 並べ方や組み合わせなどを落ちなく重なりなく調べる

◎　「データの調べ方」の学習で，代表値の意味について理解しました。柱状グラフ（ヒストグラム）の特徴やかき方がわかり，既習のさまざまなグラフの特徴もわかっています。目的に応じたグラフをかくことができます。

◎ 「並べ方と組み合わせ方」の学習で，資料のちらばりを表に表したり，表を読み取ったりすることができました。資料を柱状グラフ（ヒストグラム）に表したり読んだりして，特徴を説明することもできました。

○ 「並べ方と組み合わせ方」の学習で，起こり得る場合を調べるときに，ある特定の事柄に注目して，考えられる場合を図や表に表して順序よく整理して調べることができました。

○ 4つのチームの対戦が全部で何通りあるか，順序よく調べる仕方を理解しました。特定のチームを選んで，考えられる場合を整理して調べていくこともできました。

△ 柱状グラフ（ヒストグラム）の特徴やかき方を理解しています。目的に応じた適切なグラフを選ぶことが難しいようです。それぞれのグラフの特徴を確かめながら，適切なグラフが選べるよう指導しました。

(2) 思考・判断・表現

▶所見のポイント

- 代表値や柱状グラフ（ヒストグラム）の意味を考える
- データから考えて，問題の結論を説明する
- 並べ方や組み合わせを順序よく調べる方法を考える

◎ 「データの調べ方」の学習で，データの特徴や傾向に着目し，選んだグラフで表現した結果から，何が言えるかということを批判的に考えることができました。

◎ 「並べ方と組み合わせ方」の学習で，並べ方や組み合わせなどを落ちや重なりなく，順序よく調べるために図や表を用いて考えることができ，その考えを筋道を立てて説明できました。

○ 同じ平均値でも，ちらばりかたによって，代表値として適切ではないときがあることを，ドットプロットからとらえることができていました。

○　資料の平均やちらばりについて筋道を立てて考えました。また，柱状グラフ（ヒストグラム）の意味を正しくとらえ，その使い方，作り方の特徴を考えることができました。

△　並べ方や組み合わせを落ちや重なりなく調べる方法を考えました。順序よく調べるために，図や表を用いて解決するように指導しました。

算数

(3) 主体的に学習に取り組む態度　▶所見のポイント

- 資料の平均やちらばりに関心をもち，考えようとする
- 目的に応じて必要なデータを選び，結論を考えようとする
- 並べ方や組み合わせ方を生活に生かす

◎　学習した統計的な問題解決の方法を用いて，進んで身の回りから自分で調査してみたいテーマを決めました。データを集めて適切なグラフに表し，結論について考察しようとする態度が育っています。

◎　身の回りに掲示されているポスターに，さまざまなグラフが掲載されていることに気づきました。それぞれのグラフが表していることについて考え，自分の生活に生かそうとしています。

○　「並べ方と組み合わせ方」の学習が，アイスクリームの組み合わせ方やピザのトッピング，レストランでのセットメニューなど，日常の生活のなかに関わっていることに気づきました。

○　資料の平均やちらばりを調べ，統計的に考察したり，表現したりすることができるようになり，進んで日常生活に生かそうとしていました。

△　資料の特徴を調べる学習に取り組みました。資料のちらばりの様子を表に整理することはできましたが，資料の特徴を読み取ることが難しく意欲を失いそうなので，調べ方を指導しました。

6 理科［5年］

総合所見

主な学習項目	
粒子（物質）	●物の溶け方
エネルギー	●ふりこの運動 ●電流がつくる磁力
生命	●植物の発芽，成長，結実 ●動物（魚・人）の誕生
地球	●流れる水の働きと土地の変化 ●天気の変化

評価の言葉（例）	
知識・技能	●問題解決のための観察，実験方法を工夫する ●実験の装置を適切に操作する ●観察・実験の過程や結果を記録する ●学んだことを活用した物づくりをする ●規則性を理解する ●連続性を理解する ●実感を伴って理解する
思考・判断・表現	●変化と要因を関係づける ●関係する条件についての予想や仮説をもとに，解決の方法を発想し，表現する ●計画的に探究する ●量的・関係的，質的・実体的な見方をする ●多様性や共通性，時間的・空間的な見方をする
主体的に学習に取り組む態度	●進んで○○する ●意欲的に観察・実験をする ●生命を尊重する ●見つける ●生活に当てはめようとする

◎　インゲン豆の種子は肥料がなくても発芽することから「種子の中には発芽に必要な養分が含まれているのではないか」と予想して実験し，さらにほかの植物についても観察しました。

◎　理科の見方・考え方を働かせて，問題を解決することができます。メダカを育てたり，人の誕生についての資料を活用したりし，意欲的に問題解決する態度が見られました。メダカも大切に育て増やすことができました。

◎　流れる水の働きについて，「土地を削ったり，土を運んだり，積み重ねたりするのはどのようなときか」という問題を調べました。流水の実験装置を考え，積極的に実験を繰り返し問題を解決しました。

◎　「物が水に溶ける量は，水の温度や量，溶ける物によって違うのか」という問題で，ホウ酸をお湯や冷水に溶かして調べる実験を考えることができました。この性質から，溶けているホウ酸を取り出す実験も考えました。

○　資料の活用の仕方が身につきました。天気の変化は，雲の量や動きと関係があることを，資料や映像から調べました。天気の変化は，映像などの気象情報を使って予想できることも理解していました。

○　植物の発芽の学習で，水，空気，温度のどれか一つを変えて実験を行い，その過程や結果を正確に記録しました。さらに種子に含まれている養分を，ヨウ素液を適切に使って調べることもできました。

○　長期の観察活動を粘り強く行いました。「メダカの卵は日がたつにつれ中の様子が，どのように変化するか」という問題を解決するために，ていねいに意欲を失うことなく観察を行い，その過程を正確に記録しました。

○　電流の向きが変わると電磁石のＮ極とＳ極が変わることや，電磁石の強さは，電流の大きさや導線の巻き数によって変わることを，どのように実験したらよいか考えることができました。

△　植物の発芽の学習で，水，空気および適当な温度が関係していることについて，実験方法を考えていました。条件については十分でなかったので，実験方法を見直すように指導しました。

△　５年生では，実験の方法を考える力を身につけることも重要です。植物の発芽について，問題を解決するために予想したことを，どのように実験したらよいか悩んでいたので，発芽の条件に着目するように指導しました。

1. 粒子（物質）

(1) 知識・技能　▶所見のポイント

- 物の溶け方について，問題解決に適した方法を工夫して調べる
- 観察・実験の過程や結果を的確に記録する
- いろいろな物の溶け方の規則性がわかる

◎　物の溶け方についての実験で，水と食塩を使って「物が水に溶ける量には，限度があること」を調べました。食塩を1gずつ増やしながら溶かしたので，正確な実験結果が出て，実感を伴って理解できました。

◎　物が水に溶ける量は水の温度や量，溶ける物によって違うことを，ミョウバンをお湯に溶かしたり冷水に溶かしたりして調べました。この性質を利用して，溶けているミョウバンを取り出すこともできました。

○　物が水に溶ける量には限度があることを，水に食塩を少しずつ溶かして調べました。1gずつ増やしながら溶かしたので，正確な実験結果が出ていました。

○　「物の溶け方」の学習で，食塩の溶け方をもとにして，ミョウバンをお湯に溶かしたり冷水に溶かしたりして調べました。溶け方の違いを比較し，溶け方の規則性を理解しました。

△　食塩を水に溶かす実験で，食塩を水の入ったビーカーに入れるとき，食塩がこぼれてしまったためか，水と食塩を合わせた重さより軽くなりました。正確な実験をする必要があることを指導しました。

(2) 思考・判断・表現　▶所見のポイント

- 物の溶け方を質的・実体的な視点でとらえ，関係する条件についての予想や仮説をもとに，解決の方法を発想し，表現する

◎「物が水に溶ける量には，限度があるのか」という問題で，水に食塩を少しずつ溶かして調べる実験方法を考えました。1gずつ溶かすという具体的な実験方法を考え，友達にわかりやすく説明できました。

◎「物が水に溶ける量は，水の温度や量，溶ける物によって違うのか」という問題で，ミョウバンをお湯や冷水に溶かして調べる実験を考えました。この性質から溶けているミョウバンを取り出す実験も考えました。

○「物が水に溶ける量には，限度があるのだろうか」という問題について，水に食塩を少しずつ溶かして調べるという実験方法を考えました。1gずつ溶かすという具体的な実験方法を考えることができました。

○「物の溶け方」の学習で，何をはっきりさせるのか問題をとらえて，それにふさわしい実験の計画を立てることができました。実験の結果から，何がわかるのかを筋道を立てて考えることができました。

△ 物の溶け方について調べていくなかで，「食塩を水に溶かすと，水と食塩を合わせた重さはどうなるのか」という問題を考えました。解決する方法に悩んでいたので，一緒に確かめる方法を考え支援しました。

(3) 主体的に学習に取り組む態度　▶所見のポイント

- 物の溶け方の規則性を意欲的に調べる
- 見いだしたきまりを生活に当てはめようとする

◎「物が水に溶ける量には，限度があるのだろうか」という問題について，水に食塩を少しずつ溶かしていく実験に意欲的に取り組み，記録をまとめました。

◎「物が水に溶ける量は，水の温度や量，溶ける物によって違うのか」という問題で，ミョウバンをお湯や冷水に溶かして調べる実験計画について，友達との話し合いを通して自分の考えを見直していました。

○　「物が水に溶ける量には，限度があるのだろうか」という問題について，粘り強く考えました。水に食塩を少しずつ溶かして調べるという実験方法を思いつき，観察し記録していました。

○　「物が水に溶ける量は水の温度や量によって違うのだろうか」という問題について，友達と協力し安全にも配慮して実験を計画しました。注意深く実験を進め，溶け方のきまりをとらえました。

△　「物の溶け方」の学習で，水に物を溶かすとき，温度や量によって溶け方がどう違うかなどの問題に関心をもって，実験をしました。次はわかったことを，家庭での調理などに生かしてみるよう助言しました。

2. エネルギー

(1) 知識・技能　▶所見のポイント

- ふりこの運動について，問題解決に適した方法を工夫して調べる
- ふりこの働きについての規則性がわかる
- 電磁石の強さの変化や働きなどについて，問題解決に適した方法を工夫して調べる
- 電流の強さや向き，コイルの巻き数と電磁石の強さ，極の変化との関係がわかる
- 観察・実験の過程や結果を的確に記録する

◎　ふりこが1往復する時間は，おもりの重さ，振れ幅，ふりこの長さのどれによって変わるのか調べる実験をしました。正確に実験をしてふりこの長さによって変わるという結果を導き出し，理解しました。

◎　鉄心に巻いたコイルに電流を流すと，電磁石になる学習をしました。電流の向きで電磁石の極が変わり，電磁石の強さは，電流の大きさや導線の巻き数で変わることを正確に実験しました。

○　ふりこのおもりの重さや糸の長さなど条件を変えて動きを調べ，「糸につるしたおもりが一往復する時間は，糸の長さによって変わる」というきまりがわかりました。

○　「電磁石の性質」の学習で，電流の向きが変わると電磁石の極が変わることや，電磁石の強さは，電流の大きさや導線の巻き数によって変わることが，実験を通して理解できていました。

△　ふりこが１往復する時間は，おもりの重さ，振れ幅，ふりこの長さのどれによって変わるのか実験しました。実験結果の誤差をどのようにまとめるか迷っていたので，平均するやり方を指導しました。

(2) 思考・判断・表現　▶所見のポイント

- ふりこの働きを，ふりこのおもりの重さや糸の長さなど関係する条件についての予想や仮説をもとに，解決の方法を発想し，表現する
- 電磁石の強さの変化とその要因を，関係する条件についての予想や仮説をもとに，解決の方法を発想し，表現する

◎　ふりこが１往復する時間は，おもりの重さ，振れ幅，ふりこの長さのどれによって変わるのか調べる実験を考えました。条件を整えて正確に実験する方法を考え，友達にもわかりやすく伝えることができました。

◎　電流の流れているコイルは，鉄心を磁化する働きがあることを学びました。電流の向きの変化で電磁石の極も変化し，電磁石の強さは，電流の大きさや導線の巻き数で変化するという仮説の解決方法を考えました。

○　ふりこが１往復する時間は，おもりの重さ，振れ幅，ふりこの長さのどれによって変わるのか調べる実験を考えることができました。

○　「電流の働き」の学習で，電磁石を作って極や磁力の大きさについて調べました。条件に着目して実験し，実験結果から考えてまとめた内容を発表できました。

△　電流がつくる磁力について問題を解決していくなかで，電流がつくる磁力の強さをどのように調べたらよいか考えました。解決する実験方法に悩んでいたので，一緒に考え支援しました。

(3) 主体的に学習に取り組む態度

▶所見のポイント

- ふりこ，電流の働きなどの規則性を意欲的に調べる
- 電磁石を作り，電流と電磁石の変化や働きを進んで調べる
- 見いだしたきまりを生活に当てはめようとする

◎　「ふりこの運動」の学習で，条件を整え，進んで実験に取り組みました。その知識を活用して，ふりこの性質を利用した「メトロノーム」を作ることができました。

◎　電磁石の性質を調べる実験を楽しみながら行っていました。見いだした問題を，友達と協力して積極的に調べることができました。見つけた性質を使ってクレーンゲームで鉄を持ち上げて確かめていました。

○　ふりこが1往復する時間は，おもりの重さ，振れ幅，ふりこの長さのどれによって変わるのか調べる実験を積極的に行っていました。

○　電磁石の性質に興味・関心をもち，意欲的に学習しました。電磁石を作ることや電流の大きさを測る回路をつなぐことが正確にでき，それらを使った実験を熱心に行いました。

△　電磁石の性質に興味をもち，乾電池やくぎなどを使って磁石を作る活動に熱心に取り組みました。コイルを巻くのが難しく意欲を失いそうでしたので，巻き方を助言し励ましました。

3. 生命

(1) 知識・技能
▶所見のポイント

- 植物や動物を育て，観察や実験の過程や結果を記録する
- 植物や動物が生まれて成長するための必要な条件がわかる
- 生命は子孫に受け継がれて連続していることがわかる

◎ 植物の発芽について，水，空気，温度のどれか一つの条件を変えて実験を行いました。実験の結果から，植物の発芽には，水，空気および適当な温度が関係していることを理解できました。

◎ 「人は母体内で，どのように成長するのだろうか」という問題を調べるために，インターネットや図鑑を適切に活用することができました。知識として定着し，わかりやすく説明することができます。

○ 植物の発芽について，水，空気，温度のどれか一つの条件を変えて実験し，その過程や結果を正確に記録しました。さらに種子に含まれている養分を，ヨウ素液を適切に使って調べることもできました。

○ 「メダカの卵は，日がたつにつれ中の様子がどのように変化するか」という問題を解決するために，ていねいに観察を行い，その過程を正確に記録していました。

△ 植物の発芽には，水，空気および適当な温度が関係していることについて，正確に実験結果を出せました。知識に結びつけることがもうひと息なので，学習問題と実験結果を見直すように指導しました。

(2) 思考・判断・表現
▶所見のポイント

- 植物の発芽，成長，結実までの変化とその要因に関係する条件についての予想や仮説をもとに，解決の方法を発想し，表現する
- 魚の卵の変化や誕生，食べ物など，発生と成長に関係する条件についての予想や仮説をもとに，解決の方法を発想し，表現する

理科

◎　種子の発芽について，種子は肥料がなくても発芽することから，種子の中には発芽に必要な養分が含まれているのではないかと予想し，実験方法を考えました。さらにほかの植物についても目を向けていました。

◎　母体内での胎児の成長について，学習したメダカの受精卵の様子などを振り返り，根拠のある予想や仮説を考えました。友達にもわかりやすく発表することができました。

○　植物の発芽について，自分で考えた予想を，どのように実験すれば証明できるのか考えました。一つの条件を変えてほかの条件は変えなければ実験できることに気づきました。

○　メダカの飼育と観察を通して，雄と雌を正確に見分けることができます。水槽の水温を管理し水草を準備して環境を整えて，たくさん卵を産ませることができました。

△　植物の成長について，問題を解決するために，予想したことをどのように実験したらよいか悩んでいたので，日光や栄養など条件に着目するよう助言しました。

(3) 主体的に学習に取り組む態度　▶所見のポイント

- 植物の発芽，成長，結実の条件を進んで調べる
- 動物の誕生などの条件を意欲的に調べ，生命を大切にしようとする
- 池や川の小さな生物に関心をもち，進んで調べる
- 見いだしたきまりを生活に当てはめようとする

◎　インゲンマメの発芽の条件について，意欲的に考え実験計画を立てることができました。さらに粘り強くインゲンマメを大切にしながら観察，実験をしていました。

◎　メダカを育てたり，人の誕生についての資料を活用したりするなかで，積極的に問題解決する態度が見られました。メダカも大切に育て，たくさ

ん増やすことができました。

○　植物が発芽するための条件で，養分について進んで実験方法を考え，植物を大事にして意欲的に実験して調べていました。

○　胎児の成長を資料を使って調べる活動をしているとき，命を大切にしようとする言葉や姿が見られました。生命を尊重する態度が育っています。

△　種子の発芽の条件について，問題解決することが難しく感じられたようです。積極的に取り組めていない様子なので，一つ一つ条件を分けて考えるよう支援しました。

4. 地球

(1) 知識・技能　▶所見のポイント

- 流れる水の働きによる土地の変化や天気の変化などについて，問題解決に適した方法を工夫して調べる
- 観察・実験の過程や結果を的確に記録する
- 川の上流と下流の石の形が違う理由がわかる
- 気象現象や流水の働きには規則性があることがわかる

◎　流れる水の働きを調べる実験をしました。実験の結果から，流れる水には，土地を侵食したり，石や土などを運搬したり堆積させたりする働きがあることを理解できました。

◎　天気の変化は，雲の量や動きと関係があることを資料や映像から理解することができました。そして，今後の天気を予想する活動をするとき，映像などの気象情報を使って予想し高い確率で当てることができました。

○　川の上流と下流によって，河原の石の大きさや形に違いがあることを見つけました。さらに，その違いは川の水の流れる速さや強さによることが理解できました。

○　天気の変化は，雲の量や動きと関係があることを，資料や映像から理解することができました。天気の変化は，映像などの気象情報を使って予想できることも理解していました。

△　流れる水の働きを調べる実験をしました。流れる水には，土地を侵食したり，石や土などを運搬したり堆積させたりする働きがあることが十分に理解できていなかったので，指導しました。

(2) 思考・判断・表現　▶所見のポイント

- 流れる水の速さや量による働きと土地の変化との関係についての予想や仮説をもとに，解決の方法を発想し，表現する
- 天気の変化と雲の量や動きとの関係についての予想や仮説をもとに，解決の方法を発想し，表現する

◎　天気の変化は雲の量や動きと関係があるのではないかと予想しました。朝早く，夕方，夜に観察するという計画を立て，観察記録からきまりを見つけることができました。それを，友達に伝えることもできました。

◎　流れる水の働きについて学習問題を調べました。土地の変化と関係があるのではないかという予想を立て，流水の実験装置を考え実験を繰り返し，問題を解決することができました。

○　「天気の変化は，どのように予想できるか」という問題を解決するために，雲の量と雲の動きから調べていました。予想や仮説をもとに解決の方法を考えることができました。

○　「流れる水には，どのような働きがあるか」という問題を調べました。流れる水の働きと土地の変化との関係について，解決方法を考え，まとめることができました。

△　流れる水の働きを調べる実験をしました。流れる水には，土地を侵食したり，石や土などを運搬したり堆積させたりする働きがあることを調べる実験方法をどうするか悩んでいたので，支援しました。

(3) 主体的に学習に取り組む態度　▶所見のポイント

- 流れる水の働きと土地の変化について意欲的に調べる
- 天気の変化と雲の動きについて意欲的に調べる
- 見いだしたきまりを生活に当てはめようとする

◎　天気の変化について学習問題を考えていくなかで，天気の変化は雲の量や動きと関係があるのではないかと予想を立てました。朝早く，夕方，夜に観察する計画を立て，意欲的に観察し自分の考えをまとめました。

◎　流れる水の働きについて，土地の変化と関係があるのではないかという予想を立て，流水の実験装置を考え実験を繰り返し，問題を解決しました。友達と協力して積極的に調べました。

○　「天気の変化は，どのように予想できるか」という問題を解決するために，雲の量と雲の動きを進んで調べました。興味をもち粘り強く観察を続けて，きまりを見つけ，翌日の天気を予想することができました。

○　「流れる水には，どのような働きがあるか」という問題を調べました。流れる水の働きと土地の変化との関係について，意欲的に解決方法を考え，まとめようとしていました。

△　流れる水の働きと土地の変化について，流水実験器などを使って実験を繰り返しました。予想通りの結果が出ず意欲を失っていたようなので，一緒に再実験をし，支援しました。

7 理科［6年］

総合所見

主な学習項目	
粒子（物質）	●燃焼の仕組み ●水溶液の性質
エネルギー	●てこの規則性 ●電気の利用
生命	●人の体のつくりと働き ●植物の養分と水の通り道 ●生物と環境
地球	●土地のつくりと変化 ●月と太陽

評価の言葉（例）	
知識・技能	●問題解決のための観察・実験方法を工夫する ●観察・実験の過程や結果を記録する ●実験の装置を適切に操作する ●学んだことを活用した物づくりをする ●規則性を理解する ●関係性を理解する ●性質を理解する ●実感を伴って理解する
思考・判断・表現	●変化と要因を関係づける ●問題について，より妥当な考えをつくりだし，表現する ●問題を見いだし，多面的に追究する ●見つけたり考えたりしたことを表現する
主体的に学習に取り組む態度	●進んで○○する ●意欲的に観察・実験をする ●生命を尊重する ●生活に当てはめようとする

◎ 物の燃え方を調べたり，植物の成長に必要なものを確かめたりする学習で，実験方法を考え正確に実験し，考えを発表しました。新しい問題に対し，関心と意欲をもって追究し解決しようとする態度が育っています。

◎ 器具や機器などを正しく使用して調べ，結果を記録しました。「土地のつくり」の学習では，土地はれき，砂，泥，火山灰などからできていて，層をつくってひろがっているものがあることを理解しました。

◎　資料の調べ方を理解しています。人やほかの動物の体のつくりと働きを比較しながら調べ，体のつくりと呼吸，消化，排出および循環の働きについて，たくさんの資料の中から一番わかりやすいものを見つけました。

◎　電気の性質や働きを調べる実験を通して，電気の量が変わると働きが変わることや発電や蓄電の仕組み，電気はどのような変換ができるのかなどを確かめ，理解が深まりました。

○　6年生までの観察や実験を積み重ねてきたことが身についています。植物の葉に日光が当たるとでんぷんができることを，どのような実験をすればいいのか考えて，実験で確かめることができました。

○　「土地のつくり」の学習では，地層は，流れる水の働きや火山の噴火によってできることを理解していました。土地が火山の噴火や地震によって変化することも理解しています。

○　実験をして確かめ，確かめたことからさらに考えを進める力が伸びました。物の燃え方と空気，てこの性質，水溶液などで，目的に合う実験を行い，いろいろな考えのなかから適切な考えを選び出していました。

○　「生物と環境」の学習で，人が空気，水，食べ物，ほかの生物とどのように関わっているのかに興味，関心をもって調べ，人と環境との関係を理解しました。生命を尊重し，環境を守ろうとする心が育っています。

△　理科に苦手意識をもっているようで，力はあるのに学習に消極的です。とくに「土地のつくり」「月の見え方の変化」など地球や宇宙についての学習が十分に理解できていない点があったので，指導していきます。

△　てこの学習で，力を加える位置の違いで軽く感じたり重く感じたりすることを不思議に思っていたようです。てこの規則性について知ろうとして友達の実験を見ていたので，実験に参加するよう支援しました。

1. 粒子（物質）

(1) 知識・技能　▶所見のポイント

- 燃焼の仕組み，水溶液の性質について，問題解決に適した方法を工夫して調べる
- 観察・実験の過程や結果を的確に記録する
- 燃焼の仕組み，水溶液の性質についてわかる

◎　空気中の酸素と二酸化炭素の割合を気体検知管で調べ，木片を燃やした後と比べました。正確な実験の結果から，植物体が燃えるときには，空気中の酸素が使われて二酸化炭素ができることを理解できました。

◎　塩酸に鉄を入れて溶かし，それを蒸発させて出てきた白い粉が鉄かどうかを調べました。磁石につけたり，電気を流したりして実験し，水溶液には金属を変化させるものがあることを理解しました。

○　植物体が燃えるときには，空気中の酸素が使われて二酸化炭素ができることを，物の燃焼の前後の空気を比べる実験を適切に行い，記録をまとめました。

○　水溶液を蒸発させて，何も残らなかったときに，リトマス試験紙でも調べることを考えました。調べた結果，酸性だったことから，気体が溶けている水溶液があることを突き止めることができました。

△　水溶液には，酸性，アルカリ性および中性があることを実験で調べました。同じガラス棒を使っていて洗い方が不十分なため正確な結果が出なかったので，実験に必要な技能を身につけられるよう支援しました。

(2) 思考・判断・表現　▶所見のポイント

- 燃焼の仕組み，水溶液の性質や働きについて，多面的に追究し，より妥当な考えをつくりだし，表現する

◎　水溶液の性質や働きについて，「溶けているものによって性質や働きはどのようになっているのだろうか」という問題の解決方法を，いくつか考えました。そのなかで一番よい方法を選ぶこともできました。

◎　燃焼の仕組みについて調べる活動で，「物が燃えたときの空気はどのように変化するのか」という問題の解決方法を，考えることができました。友達にも伝えることができました。

○　水溶液の性質や働きについて追究するなかで，溶けているものによる性質や働きについて一つの仮説を考えることができました。みんなが納得できる表現で説明もできました。

○　燃焼の仕組みの学習で，物が燃えたときの空気の変化について，一つの方法で問題を解決していました。その解決方法をわかりやすく表現することもできました。

△　燃焼の仕組みを調べる活動で，「物が燃えたあとは，空気の組成の割合はどうなるのだろうか」と考えることができました。解決する方法を迷っていたので，助言しました。

(3) 主体的に学習に取り組む態度　▶所見のポイント

- 燃焼の仕組み，水溶液の性質に興味・関心をもち，進んで調べる
- 見いだしたきまりを生活に当てはめようとする

◎　水溶液の性質や働きについて追究するなかで，溶けているものによる性質や働きについて，理解することができました。その知識をもとに，身の回りにある水溶液について積極的に調べていました。

◎　燃焼の仕組みについて，物が燃えたときの空気の変化をわかりやすく友達に説明し，協力して積極的に調べました。見いだしたきまりから，暖房器具で灯油を燃やすときは，部屋の空気を入れ替えることを理解しました。

○　物が燃えたときの空気の変化について，興味をもって実験に取り組みました。粘り強く結果をまとめ，空気の組成の変化のきまりを見つけることができました。

○　水溶液の性質や働きを追究するなかで，溶けているものによる性質や働きについて興味をもって調べることができました。進んで問題を解決する態度が身につきました。

△　水溶液のさまざまな性質に関心をもち，実験によって調べました。実験への関心に比べて，記録したり整理したりすることには意欲がもてないようなので，結果をまとめるところまでできるように支援しました。

2. エネルギー

(1) 知識・技能

▶所見のポイント

- てこの規則性について，問題解決に適した方法を工夫して調べる
- てこの規則性についてわかる
- 電気の利用の仕方について，問題解決に適した方法を工夫して調べる
- 電気の性質や働きについてわかる
- 観察・実験の過程や結果を的確に記録する

◎　手回し発電機を使い電気をつくりだし，つくった電気を蓄電器に蓄えることができました。正確に記録した実験の結果から，電気の性質についての理解を深めました。

◎　てこ実験器を使って問題解決に適した実験をして，てこの規則性を発見しました。実験の記録をもとに，友達にもわかりやすく，てこのきまりを説明することができました。

○　てこの働きの活動で，力を加える位置や力の大きさを変えると，てこを傾ける働きが変わることがわかっています。てこがつり合うときのそれらの間の規則性も理解できました。

○　電気は，つくりだしたり蓄えたりできることや，光，音，熱，運動などに変換できることが理解できました。

△　てこの学習で，力を加える位置の違いで軽く感じたり，重く感じたりすることをわかっていました。規則性を見つけることができないようでしたので，てこ実験器で再実験するよう指導しました。

(2) 思考・判断・表現　▶所見のポイント

- てこの規則性について問題を見いだし，多面的に追究し，より妥当な考えをつくりだし，表現する
- 電気の性質や働き，その利用について，問題を多面的に追究し，より妥当な考えをつくりだし，表現する

◎　てこの実験で作用点におもりを掛け，力点のどこにおもりを掛けたらつり合うか，力点を少しずつずらす方法を考えることができました。力点を2か所にする複雑な方法まで見つけることができました。

◎　電気の性質や働きを調べる実験で，電気の量が変わると働きが変わること，発電や蓄電の仕組み，電気の変換についてなど，いろいろな問題解決の方法を考えました。そのなかで一番わかりやすい方法を選べました。

○　てこの実験をしながら，きまりを調べました。1か所の作用点につるしたおもりに対して，複数の力点でつりあう重さの実験をしました。結果を整理して規則性を見つけることができました。

○　電気の性質や働きを調べる活動をしました。電気の量が変わると働きの強さが変わることや，発電や蓄電の仕組みについて考えをまとめることができました。

△　電気の性質や働きの学習で，「電気は，どのようにしてつくられ，何に変わっているのだろうか」と問題を考えていました。解決する方法に悩んでいたようなので，どのように調べればよいか助言しました。

(3) 主体的に学習に取り組む態度　▶所見のポイント

- てこの規則性や電気の利用の問題を解決しようと，意欲的に調べる
- 見いだしたきまりを生活に当てはめようとする

◎　電気の性質や働きを調べる学習を粘り強く行い，見いだしたきまりを応用する力を身につけました。電気の性質を利用した「ものづくり」の活動では，意欲的に点滅信号を作り，応用力を生かしました。

◎　てこの規則性を調べる実験を，楽しみながら進んで行い，問題解決の方法を，友達と協力して積極的に調べることができました。見いだしたきまりを使って，校庭の重い石を動かすことができました。

○　電気の性質や働きについて調べる実験を，興味をもって粘り強く行いました。発電や蓄電の仕組みについてきまりを見つけ，まとめることができました。

○　てこの規則性の学習で，実験を粘り強く繰り返し行いました。実験の結果を表などにまとめて，友達にわかりやすく意欲的に発表することができました。

△　てこの規則性を調べる実験では，進んで実験に取り組んでいる友達に任せてしまうことがありました。実験の技能は十分あるので，友達と協力して実験が行えるように支援しました。

3. 生命

(1) 知識・技能

▶所見のポイント

- 人の体のつくりや働き，植物の養分と水の通り道，生物と環境との関わりについて，問題解決に適した方法を工夫して調べる
- 観察・実験の過程や結果を的確に記録する
- 動物や植物の体のつくりと働きについてのきまりがわかる
- 生物は環境と関わって生きていることがわかる

理科

◎ 「生物と環境」で，これまで学んだ「蒸発の実験」や「呼吸の実験」「光合成の実験」を正確に振り返ることができました。生物は，水および空気，食べ物を通して環境と関わって生きていることを総合的に理解しました。

◎ 食べ物は，口，胃，腸などを通る間に消化，吸収されることがわかっています。でんぷんと唾液を使った実験を行い，吸収されなかった食べ物が排出されることも理解しています。観察，実験の結果を正確に記録しました。

○ 血液は，心臓の働きで体内を巡り，養分，酸素および二酸化炭素などを運んでいることを，インターネットや図鑑で調べました。調べた情報をわかりやすく整理することができました。

○ 植物の葉に日光が当たるとでんぷんができることを，実験で理解しました。そして，根，茎，葉には水の通り道があることも理解しました。

△ 体内に酸素が取り入れられ，体外に二酸化炭素などが排出されていることを実験で調べました。袋が十分密閉されていなかったため実験結果が正確に出なかったので，実験技能について助言し，再実験しました。

(2) 思考・判断・表現

▶所見のポイント

- 生物の体のつくりと働きや，生物と環境との関係について多面的に追究し，より妥当な考えをつくりだし，表現する

◎　人やほかの動物の体のつくりと働きを比較しながら調べ，体のつくりと呼吸，消化，排出および循環の働きについて総合的に考えています。たくさんの資料の中から一番わかりやすいデータを見つけることもできました。

◎　植物の体の中の水などの行方や葉で養分をつくる働きについて疑問をもち，実験をしたり図鑑やインターネットで調べたりして，さまざまな方法で問題を解決しました。一番妥当な解答を選ぶこともできました。

○　人やほかの動物の体を比較しながら調べ，体のつくりと呼吸，消化，排出および循環の働きについて多くの情報から考えました。一番みんなが納得できる仮説を説明することもできました。

○　根，茎および葉には，水の通り道があり，根から吸い上げられた水がどうなるのかについて，いろいろな方法で問題を解決しました。たくさんの解決方法を考え，まとめることができました。

△　生物と環境の関係について，「生物は，環境に悪い影響を与えているのではないだろうか」と問題を考えました。どうしていけばよいか解決する方法に悩んでいたので，友達との話し合いを通して指導しました。

(3) 主体的に学習に取り組む態度　▶所見のポイント

- 生物の体のつくりと働き，生物と環境との関係を意欲的に調べる
- 生命を尊重する態度が育つ
- 見いだしたきまりを生活に当てはめようとする

◎　植物の体のつくりと働きの関係に関心をもって，植物内のつくり，植物内の水などの行方や葉で養分をつくる働きについて，積極的に実験をしたり図鑑やインターネットなどを利用したりして結論を導き出しました。

◎　生物と環境について進んで友達と一緒に問題を解決していくなかで，環境を大切にする気持ちや，生命尊重の気持ちが育っていました。

○　オオカミがシカを食べている写真を見て，オオカミの駆逐を考えました。学校図書館で意欲的に調べ，オオカミがいなくなるとシカが増えすぎ，植物がすべて食べられ，結局シカも死んでしまうことに気づきました。

○　生物と環境の問題について興味をもち，粘り強くインターネットなどで調べ学習を続けることができました。わからないところは，友達と相談したり図鑑で調べたりして問題を解決することができました。

△　人やほかの動物の体のつくりと働きについて，関心をもって調べていました。調べ方がわからないところがあるようなので，積極的に調べられるように指導しました。

4. 地球

(1) 知識・技能　▶所見のポイント

- 土地のつくりと変化，月と太陽の関係について，問題解決に適した方法を工夫して調べる
- 観察・実験の過程や結果を的確に記録する
- 土地のつくりと変化にはきまりがあることがわかる
- 月の位置や形が太陽の位置によって変わることがわかる

◎　月の観察記録を正確に1か月つけることができました。その観察記録をもとに，月の輝いている側に太陽があることが理解できました。

◎　土地は，れき，砂，泥，火山灰などからでき，層をつくってひろがっているものがあり，層には化石が含まれているものがあることを理解しています。器具や機器などを正しく扱い，結果を適切に記録しました。

○　月の形の見え方は，太陽がどこにあるか，月が地球から見てどこにあるかで決まってくることを調べることができました。

○　地層は，流れる水の働きや火山の噴火によってできることを理解していました。そして，土地は火山の噴火や地震によって変化することも理解していました。

△　土地は，どのようなつくりになっているのか十分理解できていなかったので，れき，砂，泥，火山灰などの層をつくってひろがっているものがあることを指導しました。

(2) 思考・判断・表現　▶所見のポイント

- 土地の変化と地震，火山，水の流れなどとの相互関係や規則性について多面的に追究し，より妥当な考えをつくりだし，表現する
- 月の位置や形と太陽の位置の関係について多面的に追究し，より妥当な考えをつくりだし，表現する

◎　月の形や位置を観察するなかで，朝早く，夕方，夜で，月の形や位置にきまりがあることを，たくさんの観察記録から見つけることができました。それを，友達にわかりやすく伝えることもできました。

◎　地層の写真や岩石を見て，「地層は，どのようにしてできたのだろう」という疑問から，図鑑やインターネットを利用して問題を解決しました。そのなかでも一番わかりやすい解答を選ぶこともできました。

○　月の形と見え方を観察記録から調べていましたが，3つの仮説を考えて一番みんなが納得できる仮説を説明できました。

○　土地のつくりと変化について，いろいろな方法で問題を解決していました。たくさんの解決方法を考え，まとめをして友達に発表することができました。

△　各地の地層の拡大写真や岩石を見て，「地層は，何でできているのだろうか，どのようにしてつくられるのだろうか」と問題を考えました。解決する方法に悩んでいたので，一緒に考え支援しました。

(3) 主体的に学習に取り組む態度　▶所見のポイント

- 土地のつくりと変化を自然災害などと関係づけて意欲的に調べる
- 月の位置や形と太陽の位置に関心をもち，進んで調べる
- 見いだしたきまりを生活に当てはめようとする

◎　月の観察を意欲的に続けるなかで，同じ時間で観察するだけでなく，時間をずらして観察すると発見が多いこともわかりました。試行錯誤して粘り強く観察した記録には，友達も納得していました。

◎　土地の様子やつくりについて，掲示された写真などから楽しみながら問題を見いだしました。地層を見た経験を友達にわかりやすく説明し，友達と協力して積極的に調べていました。

○　月の形と見え方について，1週間ほど観察して終わらせようとしていましたが，興味を持続させ粘り強く観察を続けることができました。太陽と月の位置関係の変化と関わりがあることを見つけることができました。

○　縞模様に見える地層と，その組成を見て，なぜ縞模様に見えるのか疑問をもちました。堆積岩が関係していることを知り，進んで堆積岩を調べていました。

△　土地のつくりと変化についての実験をしているとき，友達に任せてしまうところがありました。知識，理解の力は身についていますので，実験も積極的に行えるように支援しました。

8 音楽［5年・6年］

総合所見

主な学習項目		評価の言葉（例）	
表現	◆歌唱 • 曲想と音楽の構造や特徴を理解する • 表現の工夫 • 範唱を聴いて，楽譜を見て歌う • 発音と呼吸 • 声を合わせて歌う ◆器楽 • 曲想と音楽の構造や特徴を理解する • 表現の工夫 • 範奏を聴いて，楽譜を見て演奏する • 発音と呼吸 • 音を合わせて演奏する ◆音楽づくり • 即興的な表現 • まとまりのある音楽づくり	知識・技能	• ◯◯を理解する • ◯◯と◯◯を関わらせる • ◯◯に気をつけて，歌ったり演奏したり，音楽をつくったりする • 音を合わせて歌ったり演奏したりする
鑑賞	• 曲想とその変化 • 音楽の構造の理解 • 曲全体を味わう	思考・判断・表現	• 知識や技能を生かす • 表現を工夫する • どのように歌ったり演奏したり音楽をつくるかについて，思いや意図をもつ
共通事項	• 音楽を形づくっている要素（音色・旋律・音の重なり・和声の響き） • 身近な音符，休符，記号	主体的に学習に取り組む態度	• 進んで◯◯する • ◯◯に興味・関心をもつ • 主体的に◯◯する • 友達と協働して◯◯する

◎ 歌唱の学習で，発音や呼吸に気をつけ，声を響かせながら主体的に取り組みました。歌詞の内容を理解し，内容が伝わるような歌い方を工夫していました。音楽発表会では，友達と声を合わせて歌うことができました。

◎ 器楽の学習で，同じパートの友達と協働しながら練習を進め，演奏をよくするための工夫を考えました。まとめの合奏では，奏法に気をつけて，周りの音を聴きながら，音を合わせて演奏することができました。

◎ 音楽づくりの学習で，即興的な表現で得たものを参考にして，リズムや楽器の組み合わせ方，重ね方を工夫しました。自分の思いや意図をわかりやすく，ワークシートにまとめることができました。

◎ 鑑賞の学習で，楽器の音色やその特徴に気づきました。重なる楽器が変わると曲想が変わることを感じ取りながら曲を聴き，気づいたことや感じたことについて発表することができました。

○ 歌唱の学習で，発音や呼吸に気をつけて，美しい声で歌うことができました。グループ練習では，友達と声を合わせ，協力しながら取り組み，曲のよさを感じ取ることができました。

○ 器楽合奏で「○○」を演奏し，アコーディオンパートを担当しました。楽曲のおもしろさを感じ取り，楽しく演奏に取り組みました。音楽会では，周りの音を聴きながら音を合わせて演奏することができました。

○ 音楽づくりの学習で，リコーダーで即興的に旋律をつくる学習に取り組みました。拍に合わせて８拍の旋律をつくり，同じグループの友達とつなげて演奏することができました。

○ 鑑賞の学習で，リズムや旋律，音の重なりなどに気づき，曲想の変化を感じ取りながら聴くことができました。曲を聴いて感じたことや想像したことなどを，言葉で的確に表すことができました。

△ 器楽の学習で，リコーダー奏の奏法に気をつけて美しい音で演奏することができました。ほかの楽器の音と合わせて演奏することに課題があったので，周りの音を聴いて演奏するように指導しました。

△ 鑑賞の学習で，楽曲の全体を味わって聴くことができました。楽曲が変化したのは，音色や楽器の重なり方が変わったことによるなど，楽曲を形づくっている要素にも着目するように助言しました。

1. 表現（歌唱）

（1）知識・技能　▶所見のポイント

- 曲想と歌詞の内容を関わらせて理解する
- 範唱を聴いて，楽譜を見ながらリズムや旋律を歌う
- 呼吸や発音の仕方を工夫して，響きのある声で歌う
- 友達の声や全体の響き，伴奏を聴きながら，声を合わせて歌う

◎　リズムが繰り返されていることで歌詞の思いが強調されていることに気づき，発音や呼吸の仕方を工夫して，自然で無理なく響きのある声で歌うことで，表現力が豊かになりました。

○　変声期を迎えたようですが，のどの負担にならないように，呼吸や発音の仕方などに気をつけて歌うことができました。様子を見ながら，低い声で柔らかく歌うことができるように切り替えていきたいと考えています。

△　自然で無理のない，美しい声で歌うことができました。さらに，友達の声や全体の響きを聴きながら，声を合わせて歌うことができるように指導していきます。

（2）思考・判断・表現　▶所見のポイント

- スタッカートやスラーなどの表現方法や，声の音色や強弱や速度の違いによる歌唱表現を工夫する
- 曲の特徴にふさわしい表現を工夫し，どのように歌うかについて思いや意図をもつ
- 曲想に合わせて，呼吸や発音などを工夫する

◎　歌詞の表す情景や気持ちを想像したり，歌詞の内容と速度の変化との関連などを理解したりして，曲想を生かした表現の仕方を工夫し，どのように表現するかについて思いや意図をもつことができました。

○　言葉の抑揚に気をつけ，はっきりとした発音を心がけて，表現することができました。「○○」では，歌詞の内容から想像をふくらませ，曲想に合った歌い方を工夫することができました。

△　「○○」で，曲想や歌詞の内容から，曲のもつイメージをとらえることができました。その思いや意図を表現することが難しいようなので，強弱や発音などの例を示しながら，指導しました。

(3) 主体的に学習に取り組む態度　▶所見のポイント

- さまざまな歌唱表現に興味・関心をもち，主体的に歌唱表現をする
- 友達と関わり協働しながら，歌唱活動をする

◎　歌唱表現で，二部合唱のおもしろさを感じ取ることができました。パートごとの練習では，友達と互いのよさを認め合いながら，美しい声を響かせることができるように，意欲的に練習に取り組んでいました。

○　合唱の学習で，音の重なる美しさを感じ取っています。朝の会や学級の全員で歌う歌を，季節や行事のことも考えて進んで提案しました。日本の歌曲などのさまざまな歌に関心をもっています。

△　斉唱や合唱などの歌唱活動を通して，友達と声を合わせて歌う楽しさに気づきました。自分の歌い方へのこだわりが強いので，友達の歌い方のよいところを見つけて自分の歌い方に取り入れるように指導しました。

2. 表現（器楽）

(1) 知識・技能　▶所見のポイント

- 曲想と音楽の構造との関わりや，楽器の特徴やその響きと演奏の仕方を理解する
- 範奏を聴いたり，楽譜を見たりして正しく演奏する
- 楽器の特徴を生かして，旋律楽器や打楽器を演奏する
- 各声部の音や全体の響きや伴奏を聴いて音を合わせて演奏する

◎　器楽合奏では木琴を担当し，周りの音を聴きながら音を合わせて演奏することができました。さらに，マレットの扱いなど演奏の仕方を工夫して，旋律の役割に合う音の強さで演奏することができました。

○　「越天楽今様」の学習で，琴の副旋律を担当しました。練習を重ね，主旋律を聴きながら全体の音の響きに耳を傾け演奏するなど，主旋律と副旋律のバランスのとれた，よい演奏ができました。

△　リコーダーの演奏では，「○○」の旋律を最後まで演奏することができました。曲想を意識して演奏するために，ブレスの位置やフレーズのまとまりなどに気をつけて演奏するように指導していきます。

(2) 思考・判断・表現　▶所見のポイント

- 曲の特徴にふさわしい表現を工夫し，どのように演奏するかについて思いや意図をもつ
- 曲想に合わせて，演奏の仕方などを工夫する

◎　「○○」の合奏で，鉄琴パートを担当しました。奏法に気をつけて演奏の仕方を工夫したり，互いの音を聴き合ったりして，同じパートの友達と意見交換をしながら，曲想に合う表現を工夫することができました。

○　リコーダーの二重奏の学習で，音の重なりからくる美しい響きを感じ取り，タンギングや息の強さなどを工夫して演奏しました。友達と一緒に演奏し，自信をもって表現を工夫することができました。

△　器楽表現の学習で，強弱や速度の変化によって曲想が変わることに気づきました。それを自分でどのように表現していくのか考えることができるように，さまざまな奏法を指導していきます。

(3) 主体的に学習に取り組む態度 ▶所見のポイント

- さまざまな器楽表現に興味・関心をもち，主体的に器楽表現をする
- 友達と関わり協働しながら，器楽活動をする

◎ 金管バンドではトランペットを担当し，主体的に取り組みました。パート練習では，積極的にグループをまとめることに努め，友達と協働しながら練習に取り組み，演奏する喜びを味わうことができました。

○ 「日本の音楽に親しもう」の学習で，とくに篠笛に関心をもち，DVDの鑑賞や地域の方の演奏を参考にして，意欲的に練習に取り組みました。その成果が上がり，演奏を楽しむことができました。

△ リコーダーや合奏で担当する楽器について，進んで個人練習をしていました。今後，楽器の表現力を身につけて演奏を楽しむことができるように支援していきます。

音楽

3. 表現（音楽づくり）

(1) 知識・技能 ▶所見のポイント

- 音の響きと組み合わせ方の特徴を理解する
- 音やフレーズのつなげ方や重ね方の特徴を理解する
- 即興的に表現する
- 音楽の仕組みを生かして，音楽をつくる

◎ 「三部形式の音楽をつくろう」の学習で，三部形式の特徴を理解し，グループの友達と試行錯誤しながら，見通しをもって学習を進めました。音の重ね方や速さを工夫して，まとまりのある音楽をつくることができました。

○ 「○○」の旋律にあった伴奏をつくる学習で，曲のイメージに合わせて和音の形やリズム・パターンを工夫し，曲にふさわしいピアノ伴奏をつくることができました。

△　打楽器を使い，リズム伴奏をつくる学習で，８拍のリズム・パターンを即興的に表現することができました。さらに，反復や問いと答えなどの音楽の仕組みを生かしてつくるように指導しました。

(2) 思考・判断・表現　▶所見のポイント

- 即興的な表現から，発想を得る
- 見通しをもちながら音を音楽へと構成する
- 全体のまとまりを意識し，思いや意図をもつ

◎　「○○をつくろう」の音楽づくりの学習で，即興的な表現から発想を得て，グループの友達とまとまりのある音楽をつくりました。どのような音楽をつくりたいのかについて思いや意図をもつことができました。

○　「リズムアンサンブルをつくろう」の音楽づくりの学習で，見通しをもってグループの友達と一緒に工夫しながら，音楽をつくることができました。

△　即興的な表現をする学習で，いろいろな素材による音の響きの違いに気づきました。それぞれの音色の特徴を生かしながら，自分の思いや意図をふくらませて表現することができるように助言しました。

(3) 主体的に学習に取り組む態度　▶所見のポイント

- 音楽づくりに興味・関心をもつ
- 友達と協働しながら，音楽づくりをする

◎　音楽づくりの学習で，自分のイメージを豊かにふくらませ，主体的に取り組みました。音に対する興味・関心が高く，グループ活動では友達と協働して，作品をよりよいものにしようとする態度が見られました。

○　意欲的に音楽づくりの学習に取り組みました。「○○」の音づくりの活動では，いろいろな打楽器や身の回りの物から自分のイメージをふくらませ，自分の思いに合った音をつくることができました。

△　「日本の音楽に親しもう」の学習で，旋律の動きに合わせて和太鼓のリズムを進んでつくることができました。演奏に自信がもてないようだったので，堂々と演奏できるように励ましながら取り組みました。

4. 鑑賞

(1) 知識・技能　▶所見のポイント

- 知識を得たり生かしたりして，曲全体を味わって聴く
- 曲想とその変化を音楽の構造との関わりをもって理解する

◎　「○○」の鑑賞で，作曲家の思いを知り，その思いがどのように曲想に生かされているかを理解することができました。楽器の音色や重なり方などの構造にも気づき，曲全体を味わって聴くことができました。

○　音楽を特徴づけているリズム，旋律，速度などの音楽の要素に気づき，楽曲全体の曲想や，その変化をとらえ，全体の流れや美しさを感じ取って聴くことができました。

△　DVD によるオーケストラの演奏を鑑賞するなかで，いろいろな楽器の演奏の仕方に気をつけて聴くことができました。さらに，楽器の音色や音の重なりを意識して曲想を感じ取ることができるように，助言しました。

(2) 思考・判断・表現　▶所見のポイント

- 知識を生かして，曲や演奏のよさを見つけ，楽曲全体を味わって聴く
- 楽器の音色や旋律，音の重なり，和声の響きなど，音楽を形づくっている要素や曲想の変化を感じ取って聴く

◎　鑑賞の学習で，曲全体を見通しながら曲や演奏のよさを見つけ，曲の雰囲気やその移り変わりを感じ取って聴くことができました。そのよさやおもしろさを自分の言葉で発表することができました。

○　鑑賞の学習で，「○○」を鑑賞し，曲想の変化を感じ取りながら，その

移り変わりを味わって聴くことができました。

△　日本や世界の国々の音楽の雰囲気や特徴を感じ取り，その違いに着目して聴くことができました。さらにさまざまな楽器の音色にも着目して聴けるとよいので，指導しました。

(3) 主体的に学習に取り組む態度　▶所見のポイント

- さまざまな音楽に興味・関心をもち，主体的に音楽を聴く
- 曲の特徴や雰囲気を感じ取りながら聴こうとする

◎　鑑賞の学習で，楽曲を特徴づけているリズムや旋律，強弱や速度などの変化を聴き取って曲の構造を理解していました。楽曲全体の曲想をとらえながら，曲を聴き進めることができています。

○　日本を含め，さまざまな国の音楽に興味・関心をもち，鑑賞しました。鑑賞する前に，気に入った曲の作曲家のことを調べたり，旋律をリコーダーで演奏したりして，曲想を感じ取ろうとする意欲が見られました。

△　リズムや強弱，速さなどに気をつけて音楽を聴くことができました。さらに，楽器の音色や響きの違いに気をつけて，曲想の変化を感じ取って鑑賞できるように助言しました。

9 図画工作［5年・6年］

総合所見

主な学習項目	
表現	◆造形遊び ・材料や場所，空間などの特徴をもとに思いつく ・構成したり周囲の様子を考え合わせたりしながら，活動を考える ・材料や用具を活用する ◆絵や立体，工作に表す ・感じたこと，想像したことなどから，表したいことを見つける ・形や色，材料の特徴，構成などから表したいことを思いつく ・どのように主題を表すか考える ・材料や用具を活用する ・表し方を工夫して表す
鑑賞	・親しみのある作品などの鑑賞 ・自分たちの作品，わが国や諸外国の美術作品，生活のなかの造形などのよさや美しさを感じ取る ・表現の意図や特徴，表し方の変化などについて，見方や感じ方を深める
共通事項	・造形的な特徴を理解する ・自分のイメージをもつ

評価の言葉（例）	
知識・技能	・表現方法に合わせて材料や用具を選択する ・表現方法に合わせて造形感覚を働かせる ・表し方を工夫する ・造形的な特徴がわかる
思考・判断・表現	◆表現 ・経験・感じたこと・想像したこと・見たことをもとに表したいことを見つけている ・形や色，材料，場所の特徴を生かす ・用途などを考えている ・自分のイメージをもってつくる ◆鑑賞 ・よさ・おもしろさ・表したいこと・表し方の見方や感じ方を働かせ鑑賞を広げる
主体的に学習に取り組む態度	・進んで○○する ・興味，関心をもつ ・新たな表現方法を試している ・喜びや楽しさを味わう

◎　形や色，材料の特徴を生かして表現することに関心が高まり，意欲的に作品づくりに取り組みました。友達の作品を見て表し方や材料の生かし方の違いに気づき，自分の作品に取り入れ，よりよい作品へと仕上げました。

◎　作品を鑑賞して，気づいたことや疑問に思ったことを見つけることができました。そのことを友達と話し合い，作品の表現の意図や特徴を感じ取ったり考えたりして，自分の見方や考え方を深めることができました。

◎　作りたいものに合わせて材料や用具を選び，いろいろな表現方法を試しながら作品を作りました。友達と作品を見せ合って，お互いの表現方法のよさについても積極的に伝え合いました。

◎　これまでに経験した表し方を生かし，自分のイメージをよりよく表せるように色使いや筆使い，構図などを工夫できました。また，友達の表現のよさや工夫に気づき，自分の表現に合わせて取り入れることもできました。

○　身の回りで見つけた材料の特徴を，表現する場所との調和を考えて生かす工夫ができました。また，できあがった作品について，友達の話から，いろいろな感じ方や見方ができることにも気づきました。

○　材料の特徴をもとに発想し，組み立て方や飾る場所などを考えながら表現することができました。また，友達の作品を見て，その美しさや表し方のよさを味わうことができました。

○　これまでに経験した材料や用具を使って，感じたことや想像したことを，自分らしい発想を広げて作品へと仕上げました。作品のなかの自分らしさやおもしろさについても発表することができました。

○　素材の形や色，活動場所の特徴に関心をもち，視覚的な効果を考えて，自分が納得できるものを表そうとしました。また，表したいことに合わせて必要なものを作ることができました。

△　光る材料に関心を示し，その特徴を生かして，想像した世界を自分の表し方で表現しようとしました。さらによい作品へと仕上がるよう，友達の作品にも目を向けて，自分の表現のヒントとするように助言しました。

△　初めて使う材料や用具に関心をもち，造形活動の楽しさを味わいました。糸のこぎりを使う際にとまどいが見られたので使い方を指導しました。

1. 表現（造形遊び）

(1) 知識・技能　▶所見のポイント

- 材料や場所などに進んで働きかける
- 想像力や技能などを総合的に働かせる
- 造形活動の喜びを味わう

◎　布を使って表現する活動で，場所や空間の特徴と，布の形や色，材質の組み合わせ方の効果などを生かし，美しさの調和を表すことができました。視覚的な造形的効果を理解し表現する力が育っています。

○　布の形や色の特徴を生かし，場所や空間に働きかけながら，組み合わせ方を試していました。つるしたり，縛ったり，ねじったりしながら，場所や空間を生かし工夫して表現することができました。

△　布をつなげたり，つるしたり，ねじったりしながら，さまざまな形に表し，場所や空間に働きかけることができました。さらに，色や材質などの特徴をとらえ，表し方の工夫ができるよう助言しました。

(2) 思考・判断・表現　▶所見のポイント

- 材料や場所などの特徴をもとに発想する
- 作るものの意図や美しさ，楽しさなどを考える
- デザインの能力などを働かせ，構想する

◎　身近な生活空間に白い世界を作る活動で，さまざまな材質，大きさ，用途の白い材料を集め，白色の微妙な違いや，質感，形を組み合わせる工夫ができました。美しさを見つけ，生かす表現力が育っています。

○　場所や空間からイメージをもって白色の材料を集めることができました。周囲の様子を考え合わせながら，白色や形の組み合わせから発想を広げ表現することができました。

△　白いさまざまな材料から発想を広げ，どのように生かすかを考えることができました。大きな場所や空間を効果的にとらえることが難しかったようです。場所や空間の特徴に目を向け，発想できるよう支援しました。

(3) 主体的に学習に取り組む態度　▶所見のポイント

- 材料や場所などに進んで働きかける
- 想像力や技能などを総合的に働かせようとする
- 造形活動の喜びを味わう

◎　身近な生活空間の特徴や材料のもつ特性に関心をもち，材料を組み立て変化していく空間の美しさやおもしろさを感じ取っていました。友達と力を合わせて楽しく活動する喜びを味わおうとする意欲が高まっています。

○　いろいろな形の木切れや丸太を，普段生活している空間に並べたり，組み立てたりしながらイメージをふくらませ，関心を高めていました。友達と活動する楽しさを感じながら，意欲をもって取り組みました。

△　材料であるいろいろな形の木切れや丸太に関心をもって，並べたり，組み合わせたりしながら活動に取り組みました。場所や空間の特徴に関心がうすかったようなので，それらに目を向けられるよう助言しました。

2. 表現（絵や立体）

(1) 知識・技能　▶所見のポイント

- 表したいことに合わせて材料や構成を考える
- 造形感覚や創造的な工作の能力を働かせる
- 表現に適した方法を組み合わせ，表し方を工夫する

◎　色画用紙を切ったり組み合わせたりする活動で，形や色による動きやバランス，鮮やかさなど造形的な美しさを表現できました。はさみやカッターナイフを活用し，独創的な表現方法をしようと試行錯誤を重ねていました。

○　色画用紙や和紙など，材料の色や材質の特徴を理解しています。はさみやカッターナイフを活用し，意図的に作った形や偶然できた形をもとに，重ね方や配置などこれまでの技能を生かして表現の工夫ができました。

△　色画用紙を切ったり組み合わせたりしながら絵に表現できました。紙の形や色，大きさや，重ね方，配置などを工夫することで，自分の表したいことをより明らかにできることを助言しました。

(2) 思考・判断・表現　▶所見のポイント

- 材料の特徴や作るものの用途などを考える
- 主題の表し方を構想し，デザインの能力などを働かせる
- 自分が選んだ材料や用具の特徴を生かす

◎　段ボールを折ったり曲げたりしてできた形や組み合わせ方から発想を広げ，表したいもののイメージをもつことができました。材料の特徴を生かした表現方法を組み合わせ，イメージに合わせて構成し表現する力が育っています。

○　段ボールを折ったり曲げたりしてできる形の特徴を生かし，組み合わせ方を試しながら，表したいものを見つけることができました。表現に合わせて，段ボールの色や質感などの特徴をとらえ生かすことができました。

△　段ボールを折ったり，曲げたりするなどして，作る形を見つけることができました。さらに，できた形を多角的に見たり組み合わせたりすることでイメージをもち，表したいものを見つけられるとよいので指導しました。

(3) 主体的に学習に取り組む態度　▶所見のポイント

- 自分の表し方で進んで表現する
- 新たな表現方法を試みようとする
- 表現活動の楽しさを味わう

◎　ローラーは転がし方や種類によって，さまざまな表し方ができることに

関心をもち，意欲的に活動しました。自分のイメージに合った表し方で表現する楽しさを味わおうとする態度が身についています。

○　ローラーでさまざまな表し方を試すことに興味をもち，自分の感じたことを大切にしながら，イメージに合う表現を選ぶことができました。自分らしい表し方で表現しようとする意欲が高まっています。

△　ローラーを使って表すことができました。ローラーの転がし方によってさまざまな表し方ができることには興味がもてないようなので，友達の作品などを見せながら，自分らしい表現ができるよう支援しました。

3. 鑑賞

(1) 知識・技能　▶所見のポイント

- 親しみのある作品などを鑑賞する
- 作品の形や色などの造形的な特徴がわかる

◎　墨の濃淡や，描く用具の種類，筆の動かし方を試し，表現できる形や色が違うことを発見できました。それらの表現の特徴を理解し，動きや奥行き，バランスを考えて自分の思いを表現する力が育っています。

○　墨でできる濃淡やぼかしについて，いろいろ試したり，友達と比べたりしながら，造形的な特徴を見つけることができました。それらの表現の効果を理解し，思いに合わせて表していました。

△　墨の表現の違いについて，試しながら見つけることができました。それらの形や色のもつ特徴や効果について理解が難しいようなので，表し方の違うものを比べ，印象の違いなどを考えられるよう助言しました。

(2) 思考・判断・表現　▶所見のポイント

- 進んで鑑賞する
- 作品のよさや美しさなどに親しむ

◎ 2枚の作品を見比べ，造形的な美しさや表現の意図，特徴などを感じ取ったり，考えたりしたことをもとに，友達と積極的に話し合うことができました。そのことを通して新たな気づきをし，見方や考え方を深めていました。

○ 作品に描かれている内容に着目し，主題や作者の思いについて感じたことや考えたことを話し合うことができました。友達と話し合うことにより，その後の表現活動に生かすことができました。

△ 作品の色や形などから感じたよさや，表現のおもしろさについて気づくことができました。友達との話し合いを通して，造形的なよさや美しさ，表現の意図などにも共感し親しみがもてるよう助言しました。

(3) 主体的に学習に取り組む態度 ▶所見のポイント

- 自分たちの作品や親しみのある美術作品などに関心をもつ
- 作品の美しさや表し方のよさなどを味わう

◎ 美術作品の楽しい感じ，軽やかな感じ，冷たい感じなどさまざまなよさや表し方に関心をもって鑑賞することができました。さらに，作品づくりの過程にも関心をもち，自分の活動を振り返ることができました。

○ 美術作品の主題や，表し方の工夫などに関心をもって鑑賞することができました。それぞれの作者が作品に込めた思いに気づき，話し合うことができました。

△ 美術作品の表し方の工夫に関心をもち，そのおもしろさやよさを感じ取ることができました。さらに，作者が作品に込めた思いや，そのための表現の工夫にも気づけるよう助言をしました。

10 家庭［5年・6年］

総合所見

主な学習項目		評価の言葉（例）	
家族・家庭生活	●自分の成長と家族・家庭生活 ●家庭生活と仕事 ●家族や地域の人々との関わり ●家族・家庭生活についての課題と実践	知識・技能	●家庭生活を支えているものや大切さがわかる ●調理や布の製作ができる ●情報の収集・整理ができる ●○○ができる
衣食住の生活	●食事の役割 ●調理の基礎 ●栄養を考えた食事 ●衣服の着用と手入れ ●生活を豊かにするための布を用いた製作 ●快適な住まい方	思考・判断・表現	●問題を見つけ，課題を設定する ●考えたり，工夫したりする ●振り返り，改善する ●考えたことを表現する
消費生活・環境	●物や金銭の使い方と買い物 ●環境に配慮した生活	主体的に学習に取り組む態度	●進んで○○する ●関心をもつ ●振り返り改善しようとする ●よりよくしようとする

◎　食事を通して，多くの種類の食品を食べていることを実感しました。その食品に含まれる主な栄養素の体内での働きにより，食品を三つのグループに分ける分け方を理解し，わかりやすく発表することができました。

◎　稲からご飯へと変化する過程を理解し，鍋によるご飯の調理方法がわかりました。米の浸水時間や火加減に注意しながら，おいしくご飯を炊くことができました。

◎　布の性質から，扱いやすさ，丈夫さなど，製作するものの目的に合わせて，適したものを選ぶ必要があることを理解し，丈夫なトートバッグを作ることができました。

◎　縫い方の見本をよく観察し，飾りやポケットを仮止めするなどして身につけた技能を生かした縫い方を考え，効率よく作品を仕上げることができました。

○　主食・主菜・副菜について理解しています。栄養のバランスのよい食事の組み合わせについて考え，献立を立てることができました。

○　だしをとらずに作ったみそ汁とだしをとって作ったみそ汁を飲み比べ，だしのうま味がみそ汁をおいしくするポイントになることに気づき，考えたことを学習シートにまとめることができました。

○　ミシンやアイロンの使い方がわかり，安全に気をつけ作業の手順を一つ一つていねいに確認しながら，作品を仕上げることができました。

○　自分の生活を見つめ直すことを通して，多くの物を消費していることと身近な環境との関わりに気づきました。ごみを減らすなど，環境に配慮した生活に関心をもちました。

△　多くの種類の食品を食べていることを理解しています。食品の栄養的な特徴についても理解を深められるよう，指導しました。

△　ミシンを使った作品づくりに楽しく取り組むことができました。上糸のかけ方，下糸の準備の仕方などにとまどいがありましたので，具体的な手順について，改めて支援しました。

1. 家族・家庭生活

(1) 知識・技能　▶所見のポイント

- 家庭生活と家族の大切さ，家族の協力についてわかる
- 家族には生活を支える仕事があり，分担したり実践したりできる
- 自分の生活時間の有効な使い方についてわかる
- 家庭生活が地域の人々との関わりで成り立っていることがわかる

◎　家庭の仕事は家族みんなで分担する必要があることを十分に理解しています。自分のできる家庭の仕事を分担し，時間を工夫しながらきちんと果たすことができました。

○　近所の人たちと気持ちよく暮らすことを考え，家の前をはいたり，ごみを出さないように心がけたりすることができました。生活の仕方の技能が向上しました。

△　自分でできる家族のための仕事として，ごみ出しや風呂掃除を分担することができました。続けることが難しかったようなので，ときどき様子を尋ね励ましました。

(2) 思考・判断・表現　▶所見のポイント

- 家族や自分の家庭の仕事について，考えたり工夫したりする
- 自分の生活時間について問題を見つけ，解決を考えたり工夫したりする
- 家族とのふれあいや団らんについて，考えたり工夫したりする
- 地域の人々との関わりや，よりよい生活の仕方について考えたり工夫したりする

◎　家庭の仕事を見直す学習で，自分が分担した仕事を見直して，工夫することができました。さらに，家族が一緒に過ごす時間を増やすため，家族みんなの仕事の効率化についても考えることができました。

○　自分の生活を豊かにするために，布を用いて作りたいものを考えました。製作計画を立て，その工夫を学習カードにまとめることができました。

△　家族の仕事で自分が分担している風呂掃除について，見直しました。効率的にするためのよい方法が見つけられなかったようなので，掃除の仕方の工夫についてアドバイスしました。

(3) 主体的に学習に取り組む態度　▶所見のポイント

- 家庭生活をよりよくしようとする
- 進んで家庭の仕事を分担する
- 家庭や地域の人々と関わり，協力しようとする

◎　家族で一緒に過ごす時間を大切にしたいと，進んで家庭の仕事を分担し協力しようとしました。また，時間を計画的に使おうとする態度が育っています。

○　自分の生活時間を工夫し，家族とのふれあいや団らんの時間を多くしようとしていました。

△　自分自身の生活をよりよくしようと問題点を見つけることができました。近所の人々との関わりについては，目を向けるのが難しいようでした。近所の人々と協力し，助け合っていく必要があることを助言しました。

2. 衣食住の生活（食事・調理・栄養）

(1) 知識・技能　▶所見のポイント

- 食事の役割や大切さについてわかる
- 栄養を考えた食事の取り方などについてわかる
- 調理の仕方や用具等の安全で衛生的な使い方がわかる

◎　主食・主菜・副菜について正確に理解しています。三つのグループの食品を組み合わせることにより，栄養のバランスのよい食事になることもわ

かっています。知識をもとに献立を考えることができました。

○　みそは大豆の加工品であり，日本人に古くから親しまれている調味料であることを知りました。地方によって特徴があることや，身近な場所で，どのようなみそが使われているのかを調べることができました。

△　栄養に興味をもち，バランスを考えて，献立を立てることができました。栄養素の主な体内での働きについては理解が十分ではないので，正確に理解できるように支援していきます。

(2) 思考・判断・表現　▶所見のポイント

- 食事の取り方について問題を見つけ，解決を考えたり工夫したりする
- 調理に必要な材料や手順を考え，調理計画を立てたり工夫したりする
- 調理に合った材料の切り方や味のつけ方について，考えたり工夫したりする

◎　栄養のバランスを考えた食事について，自分の食生活を振り返り，課題を見つけることができました。その解決をめざして考えたことを，友達にもわかりやすく工夫して表現することができました。

○　食べる人のことを考えて，材料の切り方や味のつけ方について考えることができました。出来上がり時間や手順について検討したり，工夫したりすることができました。

△　日ごろの食事の役割について，友達と話し合うことができました。話し合ったことを自分の食生活にどのように生かしていけるのか考えることが難しいようなので，具体的に示しながら支援していきます。

(3) 主体的に学習に取り組む態度　▶所見のポイント

- 自分の食生活に関心をもち，よりよくしようと工夫する
- 食品の栄養的な特徴や食品の組み合わせなどに関心をもつ
- 食生活における日本の生活文化を大切にしようとする

◎　米飯とみそ汁にどのような主菜や副菜を加えれば一食分の献立として栄養のバランスがよくなるのかを考え，進んで家庭で実践する計画を立てることができました。

○　日ごろ，何気なく残している給食も栄養のバランスを整えるために作られているということに気づき，残さずに食べようとする姿が見られます。

△　友達と一緒に楽しくみそ汁を作りました。だしをとったり，みそ汁の中に入れる実の切り方を変えたりすることを友達に任せてしまうことがあったので，具体的な手順や切り方を支援しました。

3. 衣食住の生活（衣服・住まい）

(1) 知識・技能

▶所見のポイント

- 気温や季節の変化や生活場面に応じた着方がわかる
- 衣服の着用と手入れについての仕方がわかる
- 布を用いた製作について，必要な材料や用具，手順がわかり製作する
- 季節の変化や生活場面に応じた住まい方がわかる
- 住まいの整理・整とんや清掃の仕方についてわかり実践できる

◎　日ごろ使っている防災頭巾カバーをていねいに観察しました。作り方を詳しく見ることで，布を用いた製作には，ゆとりや縫いしろが必要だということを理解できました。

○　ミシン縫いについて，上糸や下糸の準備の仕方をおおよそ理解し，作業の手順を確認しながら作品を仕上げることができました。

△　部屋の汚れに合った清掃の仕方がわかりました。実際の清掃に生かすことが難しいようなので，具体的な工夫の仕方を支援しました。

(2) 思考・判断・表現　▶所見のポイント

- 衣服の着方や手入れ，季節に合った着用について，考えたり工夫したりする
- 生活に役立つ物の製作計画を考え，工夫して製作する
- 季節の変化に合わせた快適な住まい方について，考えたり工夫したりする
- 整理・整とんや清掃について，考えたり工夫したりする

◎　使う目的に合わせて，自分の作ってみたいトートバッグのデザインを学習カードに描きました。入れる物とバッグの大きさの関係を調べたり，進んで製作手順を立てたりするなど，熱心に考えることができました。

○　自分の机の中を整理・整とんする必要性に気づきました。よく使う物とあまり使わない物に分け，使いやすくする工夫を考えました。

△　衣服のいろいろな働きについて知りました。目的に合わせた衣服を考えることが難しいようなので，素材や形について目を向けるよう指導しました。

(3) 主体的に学習に取り組む態度　▶所見のポイント

- 気温や季節の変化，生活場面に応じた着方をしようとする
- 布を用いた生活に役立つ物の製作に関心をもち，それらの製作計画を立てる
- 季節の変化に合わせた快適な住まい方について課題をもち，進んで調べる
- 整理・整とんや清掃に関心をもち，身の回りを快適に整えようとする

◎　トートバッグ・ナップザックなどの同じ課題のグループで，それぞれの目的に合っている布か，製作手順が適切かについて進んで話し合うなど，計画的に製作しようという意欲が見られました。

○　快適に過ごすためには，どのような住まい方の工夫ができるのかに関心をもち，清掃の行き届いた部屋や風通しのよい部屋にするなどの課題を見つけて調べました。

△　衣服の働きに気づき，季節の変化に応じた着方をしようとしました。休み時間に運動をするときには，薄着になるなどの着方に結びつきにくいようなので，活動に合った着方をするように指導しました。

4. 消費生活・環境

(1) 知識・技能　▶所見のポイント

- 限りある物や金銭の有効な使い方についてわかる
- 目的や品質を考えた物の選び方や適切な買い方，品質マークなどについてわかる
- 環境に配慮した物の使い方などについてわかる

◎　リサイクルなどで物を大切に利用することや，むだ遣いをしないお金の有効な使い方などについて理解しています。また，さまざまなマークや品質表示についてもわかり，買い物をするときに生かしています。

○　デザインに飽きたＴシャツをアイロンプリントでかわいくアレンジして再び着るなど，資源の有効活用ができました。環境に配慮した生活をする技能が育っています。

△　買い物をするとき，必要な物や量をよく考えずに買ってしまったことがあるようです。必要な物の情報を集めて整理し，目的に合わせて買うように助言しました。

(2) 思考・判断・表現　▶所見のポイント

- 物や金銭の使い方を見直し，計画的な使い方を考えたり，工夫したりする
- 情報を活用し，購入しようとする物の品質や価格などの情報を集め，考える
- 環境に配慮した生活について問題を見つけ，解決を考えたり，工夫したりする

◎　買い物をする前に，インターネットや新聞のちらし広告，店頭などで情報を集めて比較するなど，さまざまな方法を考えました。目的に合った購入ができるよう工夫しています。

○　どうしても欲しい物や飽きずに長く使える物だけ買うようにするなど，お金の使い方や資源に配慮した工夫を考えました。

△　目的に合った選び方や買い方ができるよう，買い物の計画づくりに取り組みました。生活に生かせるよう，品質や機能，値段など，具体的に考えるように助言しました。

(3) 主体的に学習に取り組む態度　▶所見のポイント

- 物や金銭の大切さに気づき，計画的な使い方に関心をもつ
- 物の選び方や買い方に関心をもち，適切に買い物をしようとする
- 自分の生活と身近な環境との関わりに関心をもち，環境に配慮した生活をしようとする

◎　日ごろの自分の物を買うときの選び方や買い方について振り返りました。上手な買い方ができるよう情報を集め，よく考えてから購入しようとする態度が育ちました。

○　自分の生活を見直すことを通して，多くの物を使っていることや身近な環境との関わりに気づき，環境に配慮した生活に関心をもちました。

△　お金や物の大切さに気づき，計画的な買い方に関心をもっています。商品の選び方への関心はうすかったようです。マークや品質表示などを見て選ぶように助言しました。

11 体育［5年・6年］

総合所見

主な学習項目	
体つくり運動	●体ほぐしの運動 ●体の動きを高める運動
器械運動	●マット運動 ●鉄棒運動 ●跳び箱運動
陸上運動	●短距離走・リレー ●ハードル走 ●走り幅跳び ●走り高跳び
水泳運動	●クロール ●平泳ぎ ●安全確保につながる運動
ボール運動	●ゴール型ゲーム ●ネット型ゲーム ●ベースボール型ゲーム
表現運動	●表現 ●フォークダンス（日本の民踊を含む）
保健	●心の健康（5年） ●けがの防止（5年） ●病気の予防（6年）

評価の言葉（例）	
知識・技能	●楽しさや喜びを味わう ●行い方を理解する ●身につける
思考・判断・表現	●課題を見つける ●工夫する ●伝える
主体的に学習に取り組む態度	●進んで○○する ●約束を守る ●助け合って運動する ●仲間の考えや取り組みを認める ●安全に留意する ●最善を尽くして運動をする

［体育］

◎　走り高跳びで，リズミカルな助走から力強く踏み切って，目標とする記録を跳ぶことができました。達成感を十分に味わい，次への目標を立て意欲的に運動に取り組む姿が見られました。

◎　サッカーの作戦を考えたときに，友達と話し合いながら，課題を明確にしてそれぞれの役割を決め，チームの特徴に合った作戦を立てることができました。

◎　水泳で，クロールで50mを泳げるようになることを目標として，全力で練習に取り組むことができました。友達と励まし合って運動するなかで目標を達成し，お互いの可能性を認め合っていました。

○　マット運動では開脚前転の仕方をよく理解し，繰り返して行うことができました。

○　体ほぐしの運動を行うと心と体が軽やかになることに気づき，友達に伝えていました。

○　コロブチカを楽しみながら踊りました。友達と互いの動きを合わせながら，助け合って取り組んでいました。

△　意欲的にバスケットボールのゲームに参加し，多くの得点を決めることができました。友達がミスをしたりすると受け入れられないことがあったので，励まし合いながら運動する大切さを伝えました。

[保健]

◎　インフルエンザや結核，むし歯など，いくつかの病気の要因や起こり方を比べて，その予防策について考えることができました。その考えを友達にわかりやすく伝え，さらに深めていました。(6年)

○　心と体には密接な関係があることや，不安や悩みの対処法がさまざまにあることを理解していました。(5年)

△　学校生活でのけがの防止には，廊下や階段の歩行の仕方，運動場での運動や遊び方に気をつけることが大切だと理解しています。学んだことを生活のなかで生かせるよう助言しています。(5年)

1. 体つくり運動

(1) 知識・技能　▶所見のポイント

- 体つくり運動の楽しさや喜びを味わう
- 運動の行い方を理解する
- 体を動かす心地よさを味わう
- 体の動きを高める

◎　ゴムひもや棒の下をくぐり抜けたり，マーカーコーンを素早くタッチしながら走ったりと体の柔らかさや巧みな動きを高めました。また，友達と声をかけ合いながら体を動かす心地よさを味わいました。

○　持久走では，息を十分に吐き，リズムよく腕を振ることによって続けて走りやすくなることを理解し，最後まで自分のペースで走ることができました。

△　のぼり棒をしたり，肋木（ろくぼく）や雲梯（うんてい）にぶら下がったりすることが難しいようです。全身の力を使って，足が届く程度の高さで繰り返し行うよう指導しています。

(2) 思考・判断・表現　▶所見のポイント

- 体つくり運動の行い方を工夫する
- 自分や仲間の考えたことを他者に伝える

◎　長なわを跳ぶときにボールを投げたり，捕ったりするなど工夫しながら運動しました。また，その工夫をほかのグループに見せたり，説明したりして伝えることができました。

○　さまざまな動きをするなかで，体の動きを高めるためにどのような運動をすればよいのかを考え，自分の課題を見つけることができました。

△　短なわのいろいろな跳び方を考えることができました。さらに，その工夫を友達に伝え，よい動きを広げられるよう支援しました。

(3) 主体的に学習に取り組む態度

▶所見のポイント

- 体つくり運動に積極的に取り組む
- 約束を守り，助け合って運動する
- 仲間の考えや取り組みを認める
- 場や用具の安全に気を配る

◎　体の動きを高めようと，めあてを決めて積極的に運動に取り組みました。ボールをうまくコントロールできない友達には，優しくアドバイスしたり，一緒に動いたりするなど，助け合って運動することができました。

○　友達が考えた工夫した動きを称賛したり，自分の動きに取り入れたりしていました。

△　一人で運動する姿が多く見られました。友達と一緒に動く楽しさも味わえるように，少しずつ関わり合いながら運動できるよう声をかけました。

体育

2. 器械運動

(1) 知識・技能

▶所見のポイント

- 器械運動の楽しさや喜びを味わう
- 運動の行い方を理解する
- マット運動，鉄棒運動，跳び箱運動の技を身につける

◎　跳び箱運動で，頭はね跳びに取り組みました。技の行い方をよく理解し，マットやステージを使って，体を反らしてはねたり，手で押したりする動きを身につけ，安定して行うことができるようになりました。

○　鉄棒運動で，逆上がりができるようになりました。繰り返して回転したり，友達とタイミングを合わせて回転したりと安定して行うことができました。

△　マット運動で，開脚前転をめあてにし，何度も挑戦しました。起き上がる速さをつけることはできるので，勢いをつけて回転し，大きく開脚できるよう指導しています。

(2) 思考・判断・表現　▶所見のポイント

- 自分の能力に適した課題を見つけ，解決の仕方を考える
- 技の組み合わせ方を工夫する
- 自分や仲間の考えたことを他者に伝える

◎　タブレットを使って，かかえ込み跳びの動きのポイントと自分の動きを照らし合わせて，技の出来栄えを確認し，課題を見つけることができました。課題を解決するための適切な練習の場を考え，運動に取り組みました。

○　グループで動きを見合いながら鉄棒運動に取り組みました。動きのこつやわかったことを，ほかのグループに伝えることができました。

△　ロンダートに挑戦しています。まだ，自分の課題を見つけるのが難しいようなので，友達に見てもらったり，動きのポイントを確認したりできるような自分の課題に合った練習の場で取り組むよう支援しています。

(3) 主体的に学習に取り組む態度　▶所見のポイント

- 器械運動に積極的に取り組む
- 約束を守り，助け合って運動する
- 仲間の考えや取り組みを認める
- 場や器械・器具の安全に気を配る

◎　跳び箱運動で，グループで役割を決め観察し合って，積極的に運動に取り組むことができました。準備や後片付けでは，自分の分担した役割を果たすだけでなく，友達と声をかけ助け合って行うことができました。

○　グループで学習したときに，仲間の考えを認め，取り入れながらマットの演技を行うことができました。

△　鉄棒運動への恐怖心があり，積極的に運動に取り組むことが難しかったようです。技につながる運動遊びに取り組み，少しずつ挑戦できるよう支援していきます。

3. 陸上運動

(1) 知識・技能　▶所見のポイント

- 陸上運動の楽しさや喜びを味わう
- 運動の行い方を理解する
- 短距離走・リレー，ハードル走，走り幅跳び，走り高跳びの技能を身につける

◎　走り高跳びで，リズミカルな助走から力強く踏み切り，はさみ跳びで足から着地することができました。また，目標とする記録の達成をめざしたりして，楽しさや喜びを味わいながら運動に取り組みました。

○　リレーで全力で走り，テークオーバーゾーン内で減速せずに，滑らかにバトンの受け渡しをすることができました。

△　走り幅跳びでリズミカルに助走して踏み切ることが難しいようです。リズムを声に出しながら助走したり，短い助走から力強く踏み切る動きをしたりして徐々にできるよう指導しています。

(2) 思考・判断・表現　▶所見のポイント

- 自分の能力に適した課題解決の仕方を工夫する
- 競争や記録への挑戦の仕方を工夫する
- 自分や仲間の考えたことを他者に伝える

◎　ハードル走のインターバルの距離を試して，自分の課題に適した練習の場を選ぶことができました。また，仲間と見合いながら運動に取り組み，動きのよさをカードに書いたり，発表したりして伝えることができました。

○　リレーで，自分や仲間の走りをタブレットで確認し，チームに適した作戦を選ぶことができました。

△　走り高跳びに意欲的に取り組みました。同じ練習の場で続けて跳んでいたので，自分の課題に適した場を選んで取り組むよう助言しました。

(3) 主体的に学習に取り組む態度　▶所見のポイント

- 陸上運動に積極的に取り組む
- 約束を守り助け合って運動する
- 勝敗を受け入れる
- 仲間の考えや取り組みを認める
- 場や用具の安全に気を配る

◎　ハードル走を仲間と見合ったとき，仲間の考えを認め，それを自分の課題に取り入れるなど，助け合って運動に取り組むことができました。また，仲間の頑張りをたくさん見つけ，たたえる姿が見られました。

○　走り幅跳びで，走る前に必ず場の安全を確認したり，積極的に場の整備をしたりしました。

△　リレーでバトンの受け渡しがうまくいかないと意欲をなくしてしまうようでした。課題に対して前向きに考え，友達と助け合って練習するなどして解決することの大切さを伝えています。

4. 水泳運動

(1) 知識・技能　▶所見のポイント

- 水泳運動の楽しさや喜びを味わう
- 運動の行い方を理解する
- クロール，平泳ぎ，安全確保につながる運動の技能を身につける

◎　肩のローリングを使って，上手に息継ぎをしながら，クロールで 50m を泳ぐことができました。平泳ぎでは，キックのあとに十分に伸びてゆったりと 50m を泳ぎ切ることができました。

○　背浮きでタイミングよく息を吐き出しながら呼吸をしたり，手と足をゆっくり動かして続けて長く浮いたりすることができました。

△　クロールでは 25m 泳ぐことをめあてに学習に取り組みました。息継ぎが苦手なようです。目線を意識してあごをひいたり，歩きながら息継ぎの練習をしたりして少しずつできるよう指導しています。

(2) 思考・判断・表現　▶所見のポイント

- 自分の能力に適した課題解決の仕方を工夫する
- 記録への挑戦の仕方を工夫する
- 自分や仲間の考えたことを他者に伝える

◎　グループで役割を決めて，平泳ぎの動きを見合いながら学習を進めました。そのなかで見つけた動きのポイントや課題に合った練習方法を選んで，仲間に伝えることができました。

○　学習カードの動きのポイントと自分の動きを照らし合わせ，平泳ぎで 25m 泳ぐことを課題にし，適した練習方法を選んで運動に取り組みました。

△　平泳ぎでの自分の課題が見つけられず，自分に合った練習方法を選ぶのが難しかったようです。仲間と動きを見合って，自分の動きを理解して学習を進められるよう指導しました。

(3) 主体的に学習に取り組む態度　▶所見のポイント

- 水泳運動に積極的に取り組む
- 約束を守り助け合って運動する
- 仲間の考えや取り組みを認める
- 水泳運動の心得を守って安全に気を配る

体育

◎　仲間と積極的に助け合い，水泳運動に取り組みました。グループで動きを見合ったときは仲間の考えを認め，一緒に課題を達成しようとしました。

○　学習の前にはプールの安全を確認したり，体の調子を確かめながら泳いだりと水泳の心得を守って運動に取り組みました。

△　水に対して恐怖心があり，積極的に学習に取り組むことができませんでした。もぐったり，浮いたりして呼吸の仕方を確かめたり，仲間の動きを見たりして少しずつ進んで学習できるよう支援しています。

5. ボール運動

(1) 知識・技能　▶所見のポイント

- ボール運動の楽しさや喜びを味わい，その運動の行い方を理解する
- ゴール型，ネット型，ベースボール型のボール運動の技能を身につける
- 簡易化されたゲームを行う

◎　バスケットボールで，ボールを受けやすい場所に動いたり，仲間の動きを見て正確にパスを出したりしました。仲間と連携してゲームに取り組む楽しさや喜びを心から味わいました。

○　ソフトバレーボールで，ボールの方向に体を向けて素早く移動しながら味方が受けやすいようにボールをつなぐことができました。

△　仲間とソフトボールを楽しみました。ボールを捕ることが難しいようなので，柔らかいボールを素手で捕ったり，ゆっくり投げたボールを捕る練習をしたりして，動きを身につけられるよう指導しています。

(2) 思考・判断・表現　▶所見のポイント

- ルールを工夫する
- 自分やチームの特徴に応じた作戦を選ぶ
- 自分や仲間の考えたことを他者に伝える

◎　バスケットボールで，みんなが楽しくゲームができるようなルールを工夫して発表したり，ボールをつなぐために，仲間の動きのよいところを図を描いてチームに伝えたりと，考えながら運動に取り組みました。

○　サッカーで，チームの仲間の動きをよく見て作戦を選び，自分の役割を確認して運動しました。

△　積極的にソフトボールに参加しました。さらにチームに合った作戦を選んだり，課題解決のために考えたことを伝えたりすることができるよう助言しています。

(3) 主体的に学習に取り組む態度　▶所見のポイント

- ボール運動に積極的に取り組む
- ルールを守り，助け合って運動する
- 勝敗を受け入れる
- 仲間の考えや取り組みを認める
- 場や用具の安全に気を配る

◎　ソフトバレーボールでは，ゲームや練習のなかで仲間の動きをよく見て称賛の声をかけたり，ルールやマナーを守って助け合いながら積極的に運動に取り組みました。

○　ソフトボールをしたときに，自分の役割として責任をもってライン引きや用具の準備に確実に取り組むことができました。

△　サッカーのボール操作が身についています。一人でボールを運んでゴールすることが多かったので，仲間の動きをよく見てパスを出したり，動きをアドバイスしたりして助け合って運動するように話しました。

6. 表現運動

(1) 知識・技能　▶所見のポイント

- 表現運動の楽しさや喜びを味わう
- 表現運動の行い方を理解する
- 表したい感じを表現したり踊りで交流したりする

◎ 火山の爆発を題材に，緩急や強弱のあるひと流れの動きにして即興的に表現できました。また，爆発を繰り返す動きのなかに自然への畏れの感情を重ねながら，ひとまとまりの動きにして表現できました。

○ フォークダンスで，マイム・マイムやコロブチカの基本的なステップを身につけて，音楽に合わせて楽しく踊りながら仲間と交流することができました。

△ 「祭り」を題材にして表現運動に取り組みました。特徴をとらえて表現することが難しいようなので，友達と動きを出し合いながら踊ってみるように支援しました。

(2) 思考・判断・表現　▶所見のポイント

- 自分やグループの課題を見つけ，解決の仕方を考える
- 表したい内容や踊りの特徴をとらえた練習や発表・交流の仕方を工夫する
- 自分や仲間の考えたことを他者に伝える

◎ 仲間と見合いながら，表したい感じやイメージが踊れているかを考え，自分やグループの課題を見つけることができました。仲間のよくなった動きをたくさん見つけ，伝えていました。

○ 「表したい感じやイメージを強調する」という課題を見つけて，仲間と話し合い，一人一人の差のある動きや群を生かした動きなどを取り入れて工夫しました。

△　意欲的にフォークダンスに取り組みました。自分の課題を見つけて学習を進めることが難しかったようです。友達と交流しながら，表したい表現になっているかどうかを考え，動きを高められるよう指導しています。

(3) 主体的に学習に取り組む態度　▶所見のポイント

- 表現運動に積極的に取り組む
- 互いのよさを認め合い助け合って踊る
- 場の安全に気を配る

◎　表現運動の学習で，グループの仲間と積極的に関わり合い，お互いの動きや考えのよさを認め合いながら，助け合って学習を進めることができました。

○　踊るときには，仲間とぶつからないように，相手をよく見て互いの間隔に注意するなど，場の安全に気を配っていました。

△　踊ることに恥ずかしさがあり，踊ることに意欲がもてなかったようです。リズムを感じて心と体をほぐしながら，仲間と楽しんで踊れるよう励ましています。

体育

7. 保健　心の健康（5年）

(1) 知識・技能　▶所見のポイント

- 心は年齢とともに発達することがわかる
- 心と体には密接な関係があることがわかる
- 不安や悩みへの対処には，いろいろな方法があることがわかる

◎　不安や悩みはだれもが経験するということをよく理解しました。その対処の一例として体ほぐしの運動や深呼吸を取り入れた呼吸法を行い，リラックス状態を体験することができました。

○　体調が悪いときに落ち込むことや体調がよいときは気持ちが明るくなる

ことなど，心と体は深く影響し合っていることをよく理解できました。

△　心が発達することによって自分の感情をコントロールできたり，相手の気持ちを思いやることができるようになることを理解するのが難しかったようです。いろいろな場面を通して理解が深まるよう指導しています。

(2) 思考・判断・表現　▶所見のポイント

- 心の健康に関わる事象から課題を見つける
- 心をよりよく発達させたり不安や悩みに対処したりする視点から，解決の方法を考え，それらを説明することができる

◎　心の発達や心と体の関わりについて，自分の経験と結びつけながら，よりよく心を発達させる方法について考えることができました。また，不安や悩みに対処する方法も考え，選んでいました。

○　不安や悩みの経験から自分の課題を見つけて，その解決方法について友達と話し合いました。

△　心と体の関係について，自分の課題として考えることが難しかったようです。学習を振り返り，生活と結びつけながら考えられるよう支援しています。

(3) 主体的に学習に取り組む態度　▶所見のポイント

- 進んで心の健康に関心をもつ
- 心をよりよく発達させたり，不安や悩みに対処したりする意欲をもつ

◎　不安や悩みの対処方法について関心をもち，自分の経験と今まで学習したことを結びつけながら積極的に課題を見つけ，解決を図ろうとしていました。

○　心の発達について考えたことを友達に伝えたり，友達の考えを聞いたりして，進んで学習に取り組みました。

△　心の健康について進んで考えることが難しかったようです。これまでの学習や自分の経験を振り返り，自分の考えをもてるよう指導しています。

8. 保健　けがの防止（5年）

(1) 知識・技能　▶所見のポイント

- けがの発生要因や防止の方法について理解できる
- けがが発生したときに速やかに手当てができる

◎　交通事故や身の回りの生活の危険が原因となって起こるけがを防止するためには，状況をよく確かめて，危険に早く気づき，的確な判断をすることが大切なことをよく理解しました。

○　犯罪被害に遭わないために，危険な場所を避けること，すぐに助けを求めることの大切さを理解しています。

△　けがをしたときの手当ての方法について，理解が十分ではないようです。日常のなかで簡単な手当てができるよう継続して指導していきます。

(2) 思考・判断・表現　▶所見のポイント

- けがの防止に関わる事象から課題を見つける
- 危険の予測や回避をしたり，けがを手当てしたりする方法を考え，伝えることができる

◎　人の行動や環境が関わり合って事故やけがが起こることや，けがの手当ての方法から，けがの悪化防止について考えました。学習カードにまとめたことを，理由を挙げながら友達にわかりやすく伝えることができました。

○　自分の経験を振り返って，交通事故の回避方法やけがの手当ての方法について考えることができました。

△　交通事故の原因や防止について，グループで話し合いました。実際の生

活のなかで，自分の問題として考えられるよう支援しています。

(3) 主体的に学習に取り組む態度　▶所見のポイント

- けがの防止に関心をもつ
- 危険の予測や回避をしたり，けがを手当てしたりすることについて実践する意欲をもつ

◎　交通事故やけがの防止について関心をもって，友達と交流しながら積極的に学習を進めることができました。けがをしたときに，自分でもできる手当てをしたいと実践する意欲をもつことができました。

○　学校でのけがの原因を友達と協力して進んで調べ，その防止について意欲を高めました。

△　けがの予防や手当ての仕方について関心がうすいようでした。自分のこととして考えらえるように声をかけています。

9. 保健　病気の予防（6年）

(1) 知識・技能　▶所見のポイント

- 病気の発生要因や予防の方法について理解する
- 喫煙，飲酒，薬物乱用が健康に与える影響について理解する

◎　病気の起こり方について病原体が要因となるもの，生活行動が要因となるもの，いくつかの要因が関わり合って起こるものについて整理して理解することができました。その予防についてもよく理解しました。

○　薬物乱用について，一度の乱用でも死に至ることや心や体の健康に害を与えること，その依存性についても理解しました。

△　病原体が原因になる病気について，体の抵抗力を高めていくことが予防につながることの理解が十分ではないようです。自分の経験を振り返り，

理解できるよう指導しています。

(2) 思考・判断・表現　▶所見のポイント

- 病気の予防に関わる事象から課題を見つける
- 病気を予防する視点から，解決の方法を考え，適切な方法を選び，それらを説明する

◎　病気の予防について，自分や身近な人の生活と関連づけて考えることができました。また，病気の予防や回復のために考えた方法について，理由を挙げて説明できました。

○　病気の予防について，病原体や体の抵抗力，生活行動，環境などから課題を見つけることができました。

△　病気の予防や回復について，解決の方法を考えることが難しかったようです。生活や経験を振り返って考えられるよう助言しています。

(3) 主体的に学習に取り組む態度　▶所見のポイント

- 病気の予防に関心をもつ
- 病気の予防について進んで調べたり，考えたりする

◎　病気の起こり方やその予防について関心をもち，本やインターネットで進んで調べたり考えたりしました。学習した内容を意欲的にパンフレットにしてまとめました。

○　病気の予防のために，地域の保健所や保健センターがさまざまな活動をしていることに興味をもって調べました。

△　喫煙や飲酒の体への影響について関心がうすいようでした。友達の考えを聞いたり，身近な人の生活を思い浮かべたりして，自分にも関わる問題として考えられるよう助言しています。

12 外国語［5年・6年］新教科

(1) 所見でコミュニケーションの場面での具体的な姿を伝える

外国語活動や外国語科では，コミュニケーションを行う目的や場面，状況に応じて，他者に配慮しながら伝え合うことが大切にされています。単語や表現を覚えて発話するだけでなく，他者に伝えようとさまざまな工夫をしたり，これまでに学習した単語や表現を駆使したりすることが求められています。所見においても，各単元での具体的なコミュニケーション場面のなかで，子どもがどのような工夫をし，意味のあるやり取りができたのかについて具体的な姿を認め，保護者や子どもたちに伝えていくことが大切です。

(2) 新3観点の評価のポイント

「知識・技能」については，各単元で求められる新出単語や新出表現について理解し，繰り返し聞いたり，やりとりしたり，発表メモを読んだり書いたりといった活動を通して定着をめざします。そのため，「聞くこと」「話すこと（発表）」「話すこと（やりとり）」「読むこと」「書くこと」の5領域が対象となります。単元の前半部分にある「聞くこと」の活動，あるいは「読むこと」「書くこと」の活動，そして場面設定が明確で難しくない「話すこと（発表）」「話すこと（やりとり）」の活動（最終の活動にむけた練習的な位置づけの活動）において行動観察，およびワークシートや教科書への書き込みをもとに評価していきます。未到達の子どもには活動を通して支援を続けていき，最終の評価で見取ります。

重要なのは，「思考・判断・表現」です。実際のコミュニケーション場面で，その目的や場面，状況に応じて，他者とどのようにしたらよりよく伝え合うことができるかを意識して活動ができているかを見ます。単元の最終場面には，「自分の町のすてきなところを紹介しよう」のように，「話すこと（発表）」や「話すこと（やりとり）」場面のパフォーマンス課題が設定されていることが多いため，「思考・判断・表現」の観点は，このような最終の活動で評価します。たとえば，聞き手に配慮してより伝わるように話す順番や語彙を工夫したり，自ら相手に問いかけたり，目線やジェスチャーを工夫したり，これまで学習した表現を駆使して何とか伝えようとする姿勢などが見られたら「記録に残す評価」として記録します。

「主体的に学習に取り組む態度」については，各単元や各領域で細かく見取ることは難しく，複数単元や年間でその姿を見ていくことも可能です。自分の課題を意識し，意欲的に活動に取り組んだり，自分自身の改善点や次のめあてを見定め，工夫しようとしたりしている姿を見取ります。そのためには，たとえば，ふりかえりカードや教師の声かけにおいても，やり取りを意欲的に行っていることをほめたり，子どもが「次はここをがんばろう」という視点をもてるような指導を意識する必要があります。また，子どもがめざす姿をイメージできるようにするために，ルーブリック（パフォーマンスの具体的な評価基準表）を用いて，目標となる姿をクラス全体で共有したり，よくできている子どもに発表してもらったりして，フィードバックをクラス全体に返したりすることも重要です。

(3) 所見記入のポイント

「知識・技能」の観点では，当該の単元で求められる語彙や表現を用いてやりとりすることができるようになった姿を書きます。「思考・判断・表現」の観点では，たとえば，当該の学習内容をふまえて聞き手に配慮して，よりよく伝えるためにどのような工夫をしたのか（効果的なジェスチャーを入れたり，発表する内容の順序を考えたり，語彙を工夫したりなど）できたことを見取り，その具体的な姿を書くことがよいでしょう。「主体的に学習に取り組む態度」の観点では，友達の発表に意欲的に質問をする姿や，子どもが友達の発表を見て自分の改善点を見つけ，工夫を重ねていた姿などを書きます。

このように，当該単元で学習する内容（語彙や表現）を用いて，その設定された場面や状況において活動できることが到達目標となります（それができれば指導要録の観点別評価のＢ規準のイメージです）。さらに，すでに学習した語彙や表現を使いこなし，相手に応じて（聞き手に配慮して）伝え方を工夫するなど，意欲的によりよいコミュニケーションを図ろうとする子どもの姿がめざしたい到達目標（観点別評価のＡ規準のイメージ）となるでしょう。

（赤沢真世）

総合所見

主な学習項目／言語活動例		
知識及び技能	英語の特徴やきまり	●音声（発音，音の変化，強勢，イントネーション，区切り） ●活字体の大文字・小文字，基本的な符号 ●語，基本的な連語・慣用表現 ●文・文構造
思考力、判断力、表現力等	聞くこと	●簡単な語句や基本的な表現を聞いて，イラストや写真などと結びつける ●日付や時刻，値段などを表す表現などを聞き取る ●友達や家族，学校生活などについて，短い会話や説明を聞いて必要な情報を得る
	読むこと	●大文字と小文字とを識別する ●読み方を適切に発音する ●掲示やパンフレットなどから，必要とする情報を得る ●簡単な語句や基本的な表現を，絵本などから識別する
	話すこと［やり取り］	●あいさつを交わしたり，相手に指示や依頼をしてそれらに応じたり断ったりする ●自分の考えや気持ちなどを伝え合う ●質問に答えたり，質問したりして短い会話をする
	話すこと［発表］	●時刻や日時，場所など日常生活に関する簡単な事柄を話す ●趣味や得意なことなどを含めて自己紹介する ●学校生活や地域に関することなど，自分の考えや気持ちなどを話す
	書くこと	●活字体の大文字，小文字を書く ●簡単な語句を書き写す ●語と語の区切りに注意して基本的な表現を書き写す ●名前や年齢，趣味，好き嫌いなどについて，例の中から言葉を選んで書く

評価の言葉（例）	
知識・技能	●外国語の音声や文字，語彙，表現，文構造，言語の働きについて，日本語との違いを理解する ●実際のコミュニケーションで活用できる
思考・判断・表現	●コミュニケーションの目的や場面，状況などに応じて，簡単な語句や基本的な表現を選び，自分の考えや気持ちなどを伝え合う ●自分や友達，家族のことなどについて，絵や写真等を伴って示された簡単な語句や基本的な表現を，推測しながら読んだり，語順を意識しながら書いたりする
主体的に学習に取り組む態度	●進んで○○する ●言語活動の質の高まりや変容について，学習のまとめや振り返りをしようとする ●知識や技能を生かし，さまざまな国の人々とコミュニケーションをとることへの意欲が高まる

◎ ゆっくりはっきりと話されれば，短い話のおおよその内容を理解することができました。

◎ 掲示物やパンフレットなどから情報を得たり，絵本などに書かれたものを識別したりするなどして，日常生活にある英語の語句や表現の読み方を推測しようとしていました。

◎ 英語でやり取りする活動で，それまでの学習や経験を駆使して，その場で自分の力で質問したり，答えたりすることができています。

◎ 英語で身につけさせたい力を具体的に示した「CAN-DO リスト」から自分のめざすべきゴールを想像し，成長ぶりを確認しながら学習に主体的に取り組んでいます。

○ ゆっくりはっきりと話された短い話のおおよその内容を，イラストや写真を手がかりに理解しようとしていました。

○ 文字の「文字がもっている音」ではなく，「文字の名称の読み方」でその読み方を発音できます。

○ 伝えようとする内容を選んだり，話す順番を決めたりして，自分の考えや気持ちなどを表現することができます。

○ 身近で簡単な事柄について，基本的な表現を書き写すことができます。

△ 相手の依頼に対してものおじしてしまい，自分の考えを伝えることが難しかったようです。落ち着いて聞き直したり，ALT のサポートを受けたりすればやり取りができるので励ましました。

△ 伝えようとするものの簡単な語句や基本的な表現が十分ではなかったので，実物などを見せながら話す活動に慣れ親しめるよう支援しました。

［5年］

1. 聞くこと

(1) 知識・技能　▶所見のポイント

- 聞いて理解した内容とイラストや写真とを照らし合わせることができる
- 日付や時刻，値段など身近な語句や表現について，聞いてその意味がわかる
- 短い会話や説明を聞いて必要な情報を得る

◎ 「名前や好きなもの・ことを伝えよう」の学習で，友達の自己紹介を聞いて内容がわかりました。

○ 14と40などの紛らわしい発音の数字を，絵カードを参考にして聞き分けることができました。

△ 自己紹介を聞く場面で，can，can'tの区別を聞き取ることが難しく，内容の理解が十分ではないことがありました。音声を繰り返し聞いたり，文字と結びつけたりして区別できるように支援しました。

(2) 思考・判断・表現　▶所見のポイント

- 話し手の話した内容を聞いて，自分の話す内容との共通点を探し出せる
- 聞き取った情報から，それらに共通するものや人物などをイラストや写真を見ながら選ぶことができる
- 何を聞き取ればよいのか，何を聞き取りたいか目的意識をもって聞こうとする

◎ 一日の生活について，友達の話を聞いて，イラストや動作などを手がかりに，内容を推察しながら聞こうとしています。

○ 位置や場所を「Where is ～？」の表現で尋ねられた際，「is」の後の語句

を聞き取ることが大事であると気づくことができました。

△　発音した動物やスポーツの名前を聞き取り，絵カードと合わせることができました。次は，それを特徴づける簡単な表現を聞いて，動物やスポーツの絵カードと合わせることができるよう支援します。

(3) 主体的に学習に取り組む態度　▶所見のポイント

- ゆっくりはっきりと話された英語を自信をもって聞こうとする
- 聞き取った情報を話すこと（やり取り）の活動に生かそうとする
- 必要な情報を得るための聞き方を身につけようとする

◎　世界の子どもたちの生活や学校の様子に関するまとまりのある話を熱心に聞き取りました。日本とは異なる文化に興味をもち，理解を深めていました。

○　外国の生活についての話を聞き取り，もっと多くのことを知りたいと本で調べたり，ALT に尋ねたりして意欲的に活動しました。

△　ALT が本の読み聞かせを行う際，ストーリーを予想したり，知っている語句を数えたりするめあてを立てて聞くことが難しかったようです。めあてを立てて，楽しみながら聞くことができるよう指導しました。

外国語

2. 読むこと

(1) 知識・技能　▶所見のポイント

- 文字を見てその名称を発音できる
- 簡単な語句や基本的な表現の意味がわかる

◎　「Where is ～？」「Turn right.」などの場所を尋ねたり答えたりする表現を使った文を読み，地図上での場所を示すことができました。

○　1 文から 2 文程度の英文について，その英文が表す内容と関連した絵や写真を見つけ出し，理解することができました。

△　英文を読むとき，語の区切りの理解が難しいようです。そばについて指で示しながら声に出して一緒に読むように支援しています。

(2) 思考・判断・表現　▶所見のポイント

- 文字には名称以外に，語の中で用いられる場合の文字が示す音があることに気づく
- 語句や基本的な表現を音で発音することを手がかりにして，読もうとしている

◎　「第三者を紹介する」学習で,「This is my hero.」「He is ～.」「She is ～.」などの文から「is」の後ろに説明する語句が続くことに気づきながら読むことができました。

○　音声やチャンツなどで慣れ親しんだことを手がかりに，簡単な語句や基本的な表現を読むことができました。

△　文末の「？」に気づき，何かを尋ねている英文であることがわかりました。語句の頭の文字の音や知っている語句を手がかりに，おおよその内容を推察できるとよいので，支援を続けます。

(3) 主体的に学習に取り組む態度　▶所見のポイント

- 外国語の背景にある文化を理解しようとする
- 音声教材やALTをまねて言うようにして，英語らしいリズム，イントネーションで読むように努めている

◎　「料理を注文したり，注文を受けたりする」学習で，店にあるメニューを読み，値段やサイズなどを比較して，安くて得するものを注文しようと考えながら活動しました。

○　「自分のあこがれの人を紹介する」学習で，世界で活躍する人を紹介す

る英文を読み，自分の将来にも思いをはせ，その達成には英語の習得が大事であると気づきました。

△　日常生活で使われている「エアコン」「スマホ」などの言葉が英語の略語であることに気づきました。英語を身近に感じることで英語を読むことの苦手感を解消できるよう助言しています。

3. 話すこと【やり取り】

(1) 知識・技能

▶所見のポイント

- あいさつを交わしたり，相手に指示や依頼をしたりしてやり取りをする
- 身近で簡単な事柄について，簡単なやり取りをする
- 簡単な質問にその場で答えたり質問をしたりして，やり取りをする

◎　「自分や第三者について，できること・できないことを伝える」学習で，自分の考えや気持ちを込めて伝え合うことができました。

○　家での手伝いや一日の過ごし方について，ALT や教師の支援を受け，絵を示したり動作を交えたりしながら伝え合うことができました。

△　その場で質問したり答えたりすることが，まだ難しいようです。短く簡単なやり取りを音声で聞かせたり教師がやってみせたりして，慣れ親しむことができるよう，支援を続けていきます。

(2) 思考・判断・表現

▶所見のポイント

- あいさつ，自己紹介，買い物，食事などの場面に応じたやり取りをする
- うなずき，繰り返し，応答，質問などが自然にでき，やり取りができる
- 既習表現を思い起こしながらやり取りをしようとする

◎　Really, That's nice, I see, Me too など話し手の内容によって使う「Reaction」の表現を選び，気持ちを伝えようとしていました。

○　相手の依頼に対して，自分の状況を考えて「Yes」または「No」という返事を返すことができました。

△　その場で質問したり答えたりすることについて，難しさを感じているようです。やり取りできる力は十分ありますので，あわてず，今まで音声で慣れ親しんでいる文から選び出すことができるよう指導を続けます。

(3) 主体的に学習に取り組む態度　▶所見のポイント

- 言葉が正しく使えることとともに，相手に伝わることがより大切であると思い，やり取りをする
- 教師と ALT のやり取りを見て，積極的に取り組む

◎　物の場所や位置を伝える際，on, in, by, under などの語句のジェスチャーを考え，相手に伝わりやすいように，それらのジェスチャーを交えながら話しました。

○　「Where is ～？」「Turn right.」などの場所を尋ねたり答えたりする学習で，自分を振り返り「いつか，困っている外国人がいたら案内したい」という希望をもちました。

△　聞き手がいるからコミュニケーションが成り立つことがわかっています。友達や家族との楽しい会話を思い出し，その雰囲気で，店の人や外国人，地域の人と英語でやり取りできるとよいことを助言しました。

4. 話すこと【発表】

(1) 知識・技能

▶所見のポイント

- 日常生活に関する身近で簡単な事柄について，簡単な語句や基本的な表現を用いて話す
- 自分のことについて，伝えたいことを聞き手にわかりやすく伝わるように話す
- 学校生活や地域に関することについて，自分の考えや気持ちなどを交えて聞き手に伝える

◎ 校内の先生にインタビューをして，can，can't を使ってできること・できないことを「先生当てクイズ」として作り，聞き手にわかりやすく発表することができました。

○ 学校生活に関することや地域に関することを，人前で話すことができました。

△ 人前で外国語を使って話すことに慣れ親しむことが十分ではないので，あいさつや自分の名前，好きなものなどの自己紹介ができることから始めるよう助言しました。

(2) 思考・判断・表現

▶所見のポイント

- 人前で，簡単な語句や基本的な表現を使って発表する
- 聞き手にわかりやすく伝わるように伝えたい事項の順番を決めたり，選んだりする
- 話しながら聞き手の反応を見て，うなずき，繰り返し，ジェスチャーなどができる

◎ 自己紹介で得た情報をもとに，自己紹介し合っただれかになりきって，その人物を当てるクイズを考え発表することができました。

○ 自分の一日の生活を振り返り，朝から夜までを順序立てて話すことがで

きました。

△　「I like 〜.」を使い自己紹介をすることができました。「My birthday is ○月.」や「I have 〜.」も使い，より多くの情報を話せるように指導しました。

(3) 主体的に学習に取り組む態度　▶所見のポイント

- 人前で，簡単な語句や基本的な表現を使って発表したことが自分の大きな喜びとなり，外国語学習の意欲向上につなげている
- 話すための準備や練習の時間では，話す内容をクラスメートだけではなく多くの人に伝えたいという思いで取り組んでいる

◎　英語を使うことだけではなく，適切な発音をする大切さにも気を配り，ALT の表現や映像資料を思い出しながら積極的に発表に生かしていました。

○　「先生当てクイズ」で対象とする先生にインタビューする項目をいくつも考え，みんなが興味のありそうな答えを引き出し，英語のクイズを作り発表しました。

△　学んだ簡単な語句や基本的な表現を，実際の発表の場面で生かすことが難しかったようです。やさしい表現から段階的に話したり興味のあることを取り入れたりして，自信を深めながら話せるように支援していきます。

5. 書くこと

(1) 知識・技能　▶所見のポイント

- 文字の読み方が発音されるのを聞いて，4 線上に大文字，小文字を書く
- 音声で十分に慣れ親しんだ簡単な語句を書き写す
- 音声で十分に慣れ親しんだ基本的な表現を書き写す
- 例となる文の一部を別の語に替えて書く

◎ 「I have ○教科 on □曜日.」の表現を使い，好きな教科が何曜日にあるか書くことができました。

○ 大文字，小文字を区別したり語の間を開けたりして，4線上に書くことができました。

△ 「名前」「趣味」「好き嫌い」など，自己紹介の英文を書く際，例文や言葉から選んで書くことが難しかったようです。例文に音声で慣れ親しみ，語順に目を向けどの言葉を替えたり選んだりすればよいか指導しました。

(2) 思考・判断・表現

▶所見のポイント

- 語順の大切さを意識して書き写す
- 目的意識をもって，簡単な語句を書き写す
- 目的意識をもって，基本的な表現を書き写す
- 例の中から適切な言葉を選んで，文を書こうとする

◎ 「日本の伝統文化を外国人に伝える」学習で，自分の伝えたい内容をもとに表現やその順番を工夫して書くことができました。

○ 語順を変えれば，意味が大きく異なってしまうことに気づき，語順の大切さを意識しながら書くことができました。

△ 「住んでいる地域のよいところを外国人に伝える」学習で，自分のお気に入りの「○○」に関する言葉や表現をガイドブックやパンフレットから選んで書き写し，ポスターを作ることができました。

(3) 主体的に学習に取り組む態度

▶所見のポイント

- 簡単な語句や基本的な表現を他教科で生かそうとしたり，運動会のポスターや学芸会のせりふなどに取り入れたりする
- 自分の力で書いた大文字，小文字を振り返り，自分の成長を認識してさらなる意欲がわいてくる

外国語

◎　「自分の行きたい国や場所を書く」学習で，世界のさまざまな国の文化が大切に引き継がれていることに気づき，その背景にあるものについて詳しく知りたいと興味をもって学習することができました。

○　「Apr.」「Mon.」「TV」「km」「etc.」などの日常生活で使われている略語に気づき，その意味を調べたり自分でも書いたりしてみようとしていました。

△　書くことに苦手意識があるようです。書くことの指導を通して自分の学びを把握し，次のめあてに意欲をもてるよう励ましています。

[6年]

1. 聞くこと

(1) 知識・技能　▶所見のポイント

- 聞いて理解した内容とイラストや写真とを照らし合わせることができる
- 日付や時刻，値段など身近な語句や表現について，聞いてその意味がわかる
- 短い会話や説明を聞いて必要な情報を得る

◎　「地域の身近な人を紹介する」学習で，主語＋動詞＋目的語の文の語順に気づき，地域の人についての話を聞いて理解することができました。

○　世界の国々の子どもたちの夏休みの思い出について話している英語を聞き，だれが何をしたかなどをワークシートに記入できました。

△　「学校行事」「職業」「夏休みの思い出」「日本の行事」などの話を聞いて，おおよその内容を理解することがもうひと息でした。イラストや写真などの視覚的な情報も参考にすることを助言しました。

(2) 思考・判断・表現 ▶所見のポイント

- 話し手の話した内容を聞いて，自分の話す内容との共通点を探し出せる
- 聞き取った情報から，それらに共通するものや人物などをイラストや写真を見ながら選ぶことができる
- 何を聞き取ればよいのか，何を聞き取りたいか目的意識をもって聞いている

◎ 「世界のおすすめの国を紹介する」学習で，世界には多くの国や文化があることに気づきました。それらをふまえて，外国人やALTの話を聞き取り，理解しようとしています。

○ 今までに学習した簡単な語句や基本的な表現を活用して，ALTの話した短い英語のおおよその内容を聞き取ることができました。

△ 話し手の話した内容から，必要な情報を判断するのが難しいようでした。聞き取りたい目的に合わせて，粘り強く相手に聞き返したり，知っている語句をメモしたりするよう指導しました。

(3) 主体的に学習に取り組む態度 ▶所見のポイント

- ゆっくりはっきりと話された英語を自信をもって聞こうとする
- 聞き取った情報を話すこと（やり取り）の活動に生かそうとする
- 必要な情報を得るための聞き方を身につけようとする

◎ 相手が「気持ちよく話せた」と実感できるように，相づちや感想を入れて反応しながら聞こうとしています。

○ 友達が，「夏休みの思い出」について英語で話すのを聞き取り，やり取りに生かそうとしていました。積極的に英語でコミュニケーションを取ろうとしています。

△　「世界で活躍する日本人」の学習で，一語一語聞き取ろうとするよりも，どの分野で活躍しているのかなど，自分にとって必要な情報を得ようとする聞き方を身につけるよう助言しました。

2. 読むこと

(1) 知識・技能　▶所見のポイント

- 文字を見てその名称を発音できる
- 簡単な語句や基本的な表現の意味がわかる

◎　英文を読み，その中から音声で十分に慣れ親しんだ簡単な語句や基本的な表現を見つけ，おおよその内容を理解することができました。

○　映像資料の音声に合わせて英文を読むことができました。

△　A，Bやa，bという文字を見て，大文字も小文字も /ei/，/bi:/ を表した文字であると認識することが難しかったようです。文字を一つずつ読んだり，音声で慣れ親しませたりすることを繰り返し支援していきます。

(2) 思考・判断・表現　▶所見のポイント

- 文字には名称以外に，語の中で用いられるときに示す音があることに気づく
- 語句や基本的な表現を音で発音することを手がかりに，その意味を理解しようとする

◎　英文を読むとき，一語一語を見ながら発音するのではなく，文全体を一つのまとまりとしてとらえ，発音しようとしています。

○　文字と音とを結びつけて，「b」という文字を見て，/bi:/ と発音することを学んでいます。

△　「apple」「pizza」など，日ごろ慣れ親しんだ外国語の日本語読みと，本来の読み方との違いにとまどい，読むことに苦手意識を感じているようでした。読み方の違いは，日本と外国の文化の違いと同じであることを指導しました。

(3) 主体的に学習に取り組む態度　▶所見のポイント

- 外国語の背景にある文化に対する理解を深めようとする
- 映像資料やALTの口元や表情をよく見て，英語らしいリズム，イントネーションで読むように努めている

◎　英文を読んで理解する際，「どこかに手がかりとなる情報があるはず」と英語の文字や表現だけではなく，添えられている絵や写真などあらゆるものから粘り強く理解しようとしています。

○　「日本の文化や食べ物を紹介する」学習で，身の回りにある外来語は英語だけではないことに気づくとともに，日本語がそのままの表現で世界に広く伝わっていることに驚き，意欲を高めていました。

△　英文を読む際，どの語句や表現の「読み方」または「意味」がわからないのか振り返りが十分ではなかったので，振り返りシートを活用して，自信をもって取り組めるよう支援しました。

3. 話すこと【やり取り】

(1) 知識・技能　▶所見のポイント

- あいさつを交わしたり，相手に指示や依頼をしたりしてやり取りをする
- 身近で簡単な事柄について，簡単なやり取りをする
- 簡単な質問にその場で答えたり質問をしたりして，やり取りをする

◎　「What do you want to watch？」の表現に十分慣れ親しみ，見たいスポーツを尋ね合うことができました。

○　「自己紹介する」学習で，「好きなこと」「ほしいもの」「できること」を表す表現を使い，やり取りすることができました。

△　「自分の住んでいる地域のおすすめの場所やものを紹介する」学習で，相手に尋ねたり，尋ねられたことに答えたりするやり取りが難しいようでした。映像資料などを見て，たくさんまねしてみるよう助言しました。

(2) 思考・判断・表現　▶所見のポイント

- あいさつ，自己紹介，買い物，食事などの場面に応じたやり取りをする
- うなずき，繰り返し，応答，質問などが自然にでき，やり取りが継続する
- 既習表現を思い起こしながらやり取りをしようとする

◎　好きなスポーツを質問したり答えたりして伝え合う活動で，人気のあるスポーツをランキング形式でクラス掲示したらより学習が楽しくなると考え，提案しました。

○　相手の話す「好きな学校行事」を聞き，その内容に合わせて，うなずいたり驚いたりすることができました。

△　相手の依頼に対して，自分で判断して答えることができます。断る際，相手のことに配慮した断り方ができるとよりよいやり取りにつながることを助言しました。

(3) 主体的に学習に取り組む態度　▶所見のポイント

- 言葉が正しく使えることとともに，相手に伝わることがより大切であると思い，やり取りをする
- 教師と ALT のやり取りを見て，積極的に取り組む

◎　話し相手の内容によって，「もっといろいろな Reaction ができるようになりたい」と，相手に返す「Reaction」の表現の幅を広げようと意欲的に

学習に取り組んでいました。

○　相手とやり取りするとき，同じことを続けて言ったり，教科書で出てきた語句や基本的な表現を言ったりするだけでなく，進んで表現を工夫しようとしていました。

△　ALT の問いかけに，うなずいて肯定したり首を振って否定したりすることができました。少しずつコミュニケーションの幅が広がっていますので，伝わった喜びを積み重ねていくことで，もっと伝えたいという意欲が高まるよう支援しました。

4. 話すこと【発表】

(1) 知識・技能　▶所見のポイント

- 日常生活に関する身近で簡単な事柄について，簡単な語句や基本的な表現を用いて話す
- 自分のことについて，伝えたいことを聞き手にわかりやすく伝わるように話す
- 学校生活や地域に関することについて，自分の考えや気持ちなどを聞き手にわかりやすく伝わるように話す

◎　「We have」や「We can」を使い，自分の町にあるものやその場所でできることなどを，気持ちや考えを込めてわかりやすく紹介することができました。

○　「行きたい国を紹介しあう」学習で，自分の行きたい国のよさとその理由をわかりやすく発表することができました。

△　「夏休みの思い出を発表する」学習で，行った場所を発表することができました。そこでの活動や自分の気持ちも伝えられるよう，支援していきます。

外国語

(2) 思考・判断・表現　▶所見のポイント

- 人前で，簡単な語句や基本的な表現を使って発表する
- 聞き手にわかりやすく伝わるように伝えたい事項の順番を決めたり，選んだりする
- 話しながら聞き手の反応を見て，うなずき，繰り返し，ジェスチャーなどが自然にできる

◎　went，enjoyed，saw などを自分の経験したことを伝える表現であるととらえ，過去形という用語を意識せずに活用することができました。

○　「My Best Memory is ～.」の学習で，話す速度や，強調するところ，繰り返すところに気をつけて「小学校生活の思い出」を話すことができました。

△　「行きたい国を発表する」学習で，自分の行きたい国を選び,「I like ～.」の表現で発表しました。「I want to see ～.」や「 ～ is ….」などを使い，幅広くそのよさを説明できるように指導していきます。

(3) 主体的に学習に取り組む態度　▶所見のポイント

- 人前で，簡単な語句や基本的な表現を使って発表したことが自分の大きな喜びとなり，外国語学習の意欲向上につなげている
- 話すための準備や練習の時間では，話す内容をクラスメートだけではなく多くの人に伝えたいという思いで取り組んでいる

◎　小学校生活の思い出についての発表「My Best Memory」を映像に残し，クラスの思い出として保存しようと提案しました。本番では，これまで学習した表現を用いて，自信をもって発表できました。

○　「1年生との交流」では，「英語の歌を歌う」に意欲的に取り組み，1年生を楽しませていました。

△　「行ってみたい国」を発表する学習で，自分とは違う「文化」を想像することが難しいようでした。食べ物やスポーツなど，身近なことから考えることで自分との違いを学ぶ意欲がもてるよう，支援しました。

5. 書くこと

(1) 知識・技能　▶所見のポイント

- 文字の読み方が発音されるのを聞いて，4 線上に大文字，小文字を書く
- 音声で十分に慣れ親しんだ簡単な語句を書き写す
- 音声で十分に慣れ親しんだ基本的な表現を書き写す
- 例となる文の一部を別の語に替えて書く

◎　日本の伝統行事やそこで何ができるかを「We have ○行事 in □月.」「We can ○行事 in □月.」の表現を使って文を書くことができました。

○　文字を書く際，大文字と小文字を正しく書き分け，語順を意識しながら語と語の区切りにも注意して，簡単な語句や基本的な表現を 4 線に書き写すことができました。

△　「What do you want to be ? 」の学習で，「I want to be なりたいものの名前. 」を選んで書き写すことが難しいようでした。映像資料を活用して，語順を意識させながら書き写す練習を支援しています。

(2) 思考・判断・表現　▶所見のポイント

- 語順の大切さを意識して書き写す
- 目的意識をもって，簡単な語句を書き写す
- 目的意識をもって，基本的な表現を書き写す
- 例の中から適切な言葉を選んで，文を書こうとする

◎　「外国人に自己紹介や地域のおすすめを紹介する」学習で，例文を参考に語順を意識して，自分の伝えたいことを紹介する文を書くことができま

した。

○　英文を繰り返し書くことを通して，語の配列が日本語と英語とでは違うことに気づくことができました。

△　自分の夏休みの思い出を紹介する文を「I went to ～.」の表現で書くことができました。そこでの活動や気持ちなども「I enjoyed ～.」「It was ～.」などを使って書けるよう指導しました。

(3) 主体的に学習に取り組む態度　▶所見のポイント

- 簡単な語句や基本的な表現を他教科で生かそうとしたり，運動会のポスターや学芸会のせりふなどに取り入れたりする
- 何も見ることもなく自分の力で書いた大文字，小文字を振り返り，自分の成長を認識してさらなる意欲がわいてくる

◎　「将来の夢」という題の卒業文集の一節に，外国語科で学習した表現を使って「I want to be ～.」と書いていました。学んだことを自分の力としています。

○　自分のことを紹介する文や文章を書く際，例示された中に自分の表現したい語句や文がないときは，進んでALTに尋ねながら書くことができました。

△　英文を書くとき，相手の読みやすさも考えながら書けるとよいので，時間がかかっても，ていねいに4線上に文字を書けるように支援しています。

第4章

特別の教科　道徳［内容項目別］

1 道徳の所見の書き方とポイント

2 5年・6年

A　主として自分自身に関すること

B　主として人との関わりに関すること

C　主として集団や社会との関わりに関すること

D　主として生命や自然，崇高なものとの関わりに関すること

1 道徳の所見の書き方とポイント

1 道徳教育・道徳科で育てる資質・能力と３つの柱との関係

道徳教育・道徳科で育てる資質・能力について，「道徳的諸価値についての理解を基に，自己を見つめ，物事を多面的・多角的に考え，自己の生き方についての考えを深める学習を通して，道徳的な判断力，心情，実践意欲と態度を育てる」（小学校学習指導要領「特別の教科 道徳」の目標）と書かれています。これと，すべての教科等で育成すべき資質・能力の３つの柱**「知識及び技能」「思考力，判断力，表現力等」「学びに向かう力，人間性等」**の関係はどうなっているのでしょうか。

「知識及び技能」は道徳科においては，**道徳的諸価値の意義およびその大切さなどを理解**することです。具体的には，価値理解，人間理解，他者理解が挙げられます。観点別では，**「知識・技能」**にあたります。

「思考力，判断力，表現力等」は道徳科においては，自己を見つめ，**物事を多面的・多角的に考え，自己の生き方についての考えを深める**ことです。具体的には，道徳的諸価値に関わる事象を自分自身の問題として受け止めたり，他者の多様な感じ方や考え方にふれることで，自分の特徴を知り，伸ばしたい自己を深く見つめたり，生き方の課題を考え，それを自己の生き方として実現しようとする思いや願いを深めたりすることなどです。観点別では，**「思考・判断・表現」**にあたります。

「学びに向かう力，人間性等」は道徳科においては，自己の生き方を考え，主体的な判断のもとに行動し，自立した人間として他者とともに**よりよく生きるための基盤となる道徳性**です。具体的には，全教育活動における道徳教育において，道徳的諸価値が大切なことだと理解し，さまざまな状況下において人間としてどのように対処することが望まれるのか判断する能力（道徳的判断力），人間としてのよりよい生き方や善を志向する感情

(道徳的心情)，道徳的諸価値を実現しようとする意志の働き，行為への身構え(道徳的実践意欲と態度)などです。観点別では，**「主体的に学習に取り組む態度」**にあたります。

なお，道徳科の評価は，各教科のように分析的な観点別評価や内容項目別の評価は妥当でないとされています。ただし本書では使いやすさを考慮して，所見文は内容項目別に示しました。

2 所見を書くポイント

ポイント① 認め，励まし，意欲を高める内容を

所見は，ほかの子どもとの比較による評価ではなく，子どもがいかに成長したかを積極的に受け止めて認め，励ます個人内評価として行います。子どものよさを認め，励まし，さらに読んだ子どもが「こういうところを伸ばしたい」「こんな心で行動したい」「こういうところを改善したい」などと意欲を高めるものが望ましいです。とくに，教科学習が苦手な子どもや自分のよさがなかなか見つけられない子どもにとって，道徳科はその子のよさを見つけられる時間です。ていねいに一人ひとりを見取り，子どもたちが「僕にもこんなよさがあったんだ」「わたしっていいかも」と思えるような所見，自分に対する自信が少しずつでももてて，自分を好きになる子が増えるような所見が書けるとよいでしょう。

ポイント② 保護者と子どもが納得する内容を

所見は，もらった子どもたち，読んだ保護者が納得するものでなければなりません。「子どもたちが，がんばって取り組んでいるところ」「ここを見てほしい。認めてほしい」と思っているところをしっかり押さえることが大切です。保護者に対しては，保護者が気づいてない子どものよさを書けるとよいでしょう。そうすることで「先生はよく見てくれている」と安心感をもたれます。学校と家庭で同じ方向で子どもたちの心を育てていきたいものです。

ポイント③　授業のねらいに関わって，子どものよい点や進歩の状況を

道徳科の充実には，目標を踏まえ，指導のねらいや内容に照らして，子どものよさを伸ばし，道徳性に関わる成長を促すための評価が大切です。次の４点が子どもを見取る視点になります。

❶道徳的諸価値について理解したか

道徳性を養うには，道徳的諸価値について理解することが大切です。また，道徳的諸価値の理解と同時に人間理解や他者理解を深めていくようにします。

❷自己を見つめられたか（今までの自分との関わり）

ねらいに関わって，自分をしっかり見つめることが大切です。自分がどこまでできていて，どこがまだできていないのか，自覚させることが必要です。

❸物事を多面的・多角的に考えられたか

物事を多面的・多角的に考えるとは，道徳教育の目標「主体的な判断の下に行動」するための基本です。日常生活で起こるさまざまな場面で，どのように行動すればよいのか，どのように対応すればよいのかを考えるとともに，どうしてそのことが必要なのか，どうすればできるのかを道徳的諸価値と関わらせてとらえさせることが大切です。

❹自己の生き方についての考えを深められたか（これからの自分との関わり）

ねらいに関わって，これからどのような気持ちを大切にしていくのか，どのような言動をとるのかが，日常生活につなげるためにも大切です。

（尾高正浩）

2 道徳［5年・6年］

A 主として自分自身に関すること

［善悪の判断，自律，自由と責任］

◇ 自律的な行動とは何かを考える学習で，人に頼らず，迷惑をかけずに行動することの大切さに気づくことができました。自分の意志で判断して行動することのよさについても理解を深めました。

◇ グループでの話し合い活動を通して，自由の意味について，いろいろな視点から考えることができました。自由とそれに伴う責任についても考えを深めることができました。

◇ 「○○」の学習を通して，自分が自由に行動することによって必ず責任が伴うのだということに気づきました。そのことを自覚しながら責任のある行動をしようとしています。

［正直，誠実］

◇ 「○○」の学習で，主人公の役になることを通して，自分に誠実に生きようとする気持ちが相手を大切にすることだと気づきました。誠実な生き方をしようとする気持ちをもっています。

◇ 正直な心をテーマにした学習で，友達とは違う視点から考えを深めることができました。人の気持ちを大事にしつつ，自分の本当の気持ちを素直に言うことの大切さを理解しています。

◇ 今までの自分を振り返り，自分の気持ちを偽らないことの大切さに気づきました。これからは，明るい心で楽しく接しようとする意欲をもって行動しようとしています。

[節度，節制]

◇　インターネットやスマートフォンを使うときは，ルールを守ることが大切だということに気づきました。自分の安全に気をつけることが周囲の安全にもつながることを理解しました。

◇　「○○」の学習で，ルールを守り切れない心情を登場人物たちのさまざまな立場になって話し合いました。周囲や自分のために節制に心がけることが大切だという考えを深めることができました。

◇　正しい生活習慣について話し合い，友達の意見から，常に見直していくことの大切さに気づきました。今までの生活を振り返り，何を直せばよいのか，日ごろの行動につなげようとしています。

[個性の伸長]

◇　「○○」の学習で，これまでの自分を振り返りながら，「よいところも悪いところも含めて自分なんだ」と理解することができました。自分らしさを求める気持ちが高まりました。

◇　「○○」の学習で，登場人物のように自分の短所に向き合うことの大切さに気づきました。短所を改善する手立てを知るとともに，長所を伸ばすことについても考えを広げることができました。

◇　自分の苦手なことを改善するために，自分の特徴を知ることの大切さに気づきました。今後の生活で実践しようとする意欲が高まりました。

[希望と勇気，努力と強い意志]

◇　「○○」の学習で，勇気の大切さに気づきました。これまでは，はっきりと自分の気持ちが言えませんでしたが，今後は，勇気をもって意見を言おうとする思いを強くしています。

◇　困難を乗り越えた筆者の生き方について，さまざまな立場から話し合いました。自分のなかにある弱さを理解したうえで，未来に向けて努力していくことの大切さについて考えを深めました。

◇　自分の夢や希望をもつことの大切さを実感できました。今までの自分を振り返り，これからは理想を高くもち，力強く取り組んでいきたいという思いを新たにしました。

[真理の探究]

◇　「○○」の学習で，生活をよりよくするためにはどうすればよいのか，考えを深めました。これからは時間を工夫して使うことを大切にしたいという意欲が高まりました。

◇　なぜ人は探究する意欲をもつことができるのか，さまざまな立場から考えることができました。意欲をもつことともに続けることのよさに気づき，どのように取り組んでいったらよいかと考えを深めています。

◇　「○○」の学習で，主人公の真理を求める姿に感銘を受け，自分も何かを探究したいという意欲を高めました。これまでの自分を振り返りながら，探究する目標を見つけようとしています。

B 主としての人との関わりに関すること

[親切，思いやり]

◇　「○○」の学習で，1枚の写真をもとに，それぞれの立場や考えがあるということを理解することができました。相手の立場に立って行動することが本当の親切だと気づきました。

◇　だれに対しても思いやりをもつことができるかという問題について，友達の意見も取り入れて考えることができました。だれにでも同じような気持ちで接することが大切なのだと気づき，考えを深めています。

◇　「○○」の学習を通して，主人公に共感し，親切とおせっかいの違いに気づきました。これからは相手の立場に立った親切を考えていくことが大切だと考えを深めました。

[感謝]

◇　家族や地域に自分が育てられ，助けられていることに気づき，そこには多くの善意があることを知りました。高学年として，その善意に応えたいと意欲を高めました。

◇　感謝について，友達とさまざまな視点から考えることができました。世の中には，支え合いや助け合いが必要であり，一人では生きていけないことに気づき，周りの人たちと支え合うことの大切さについて考えを深めました。

◇　「○○」の学習を通して，自分の生活はたくさんの人々の支えと善意で成り立っていることに気づきました。今後は自分も感謝の気持ちで応えることができるよう，行動しようとしています。

[礼儀]

◇　「○○」の学習で，礼儀作法についての理解を深め，場面に応じて適切な言動をすることの大切さに気づきました。真心をもって接することのよさについて理解を深めています。

◇　即興的に礼儀正しく対応する役をすることを通して，心のこもった接し方は，する方もされる方も気持ちがよいことに気づきました。真心の大切さについて，さまざまな視点から考えることができました。

◇　「○○」の学習で，互いの習慣を尊重しあう登場人物の行動から，相手を尊重することの大切さに気づきました。自分を振り返り，日々の生活の行動に結びつけようとしています。

[友情，信頼]

◇　教材を通していじめ問題を防ぐためには，周囲に惑わされずに互いに信頼することが大切であると気づきました。「いじめは絶対に許さない」と，いじめを自分の事としてとらえています。

◇ よりよい友達関係を築くには何が必要かをさまざまな視点から考えました。お互いに信頼しあい，よい所を学び合うにはどうすればよいのか，友達の意見も取り入れながら考えを深めています。

◇ 「○○」の学習を通して，今までの異性との関わりについて振り返り，これからは男女の隔てなく，友情を深めていこうとする思いを新たにしました。

[相互理解，寛容]

◇ 「○○」の学習で，自分も相手と同じように失敗することがあるのだから，謙虚な心をもつことが大切なのだと理解しました。自分と異なる考えを大切にしようとする気持ちがもてています。

◇ 相手を尊重するとはどのようなことか，グループでさまざまな意見を出し合いました。自分の体験を振り返り，相手の立場に立って理解しようとすることの大切さについて，考えを深めました。

◇ 「謙虚さ」について話し合い，自分の意見ばかり主張していたのではないかと振り返りました。これからは，意見の異なる友達の考えも大切にし取り入れて行動しようとしています。

道徳

C 主として集団や社会との関わりに関すること

[規則の尊重]

◇ 「○○」の学習で，登場人物の役になることで互いの権利を尊重する重要性に気づき，社会生活において法律を守っていくことの大切さを理解しました。

◇ きまりを守らないとどのような問題が起きるのか，グループ学習でさまざまな視点から意見を出し合いました。みんなできまりを守ることの大切さについて，友達の意見を取り入れて考えを深めました。

◇　「○○」の学習で，なぜ法律が必要なのかを考えることで，きまりの意義やよさについて理解しました。これからもきまりを守って行動していこうとしています。

[公正，公平，社会正義]

◇　「いじめ」について考える学習で，周りにいる人の行動が重要であることに気づきました。だれに対しても公正，公平な態度で学校生活を過ごすことの大切さについて理解しています。

◇　「○○」の学習で，なぜ差別が生まれるのかについてさまざまな視点から議論することができました。差別がない社会にするためには自分たちでできることは何かと話し合い，考えを深めています。

◇　「○○」の学習で，なぜ公正な態度が必要なのかを考えることで，そのよさについて理解し，これからも公正な態度でいようとする意欲を高めています。

[勤労，公共の精神]

◇　「○○」の学習で，働く意義を理解し，進んで人のために力を尽くすことのすばらしさに気づきました。自分の将来の夢と関連づけて考えをまとめました。

◇　ボランティア清掃の教材を読み，地道な活動が社会の大きな役に立つことを理解しました。グループ学習ではボランティア活動のよさについてさまざまな視点から意見を出し合い，考えを深めました。

◇　「○○」の学習で，さまざまな仕事が社会生活を支えていることに気づきました。身近にある仕事と日常の生活とを結びつけて，そのよさを見つけようとしています。

[家族愛，家庭生活の充実]

◇ 「○○」の学習で，社会生活を行っていくうえで家族で助け合うことが大切であることに気づきました。家族の一員として力を尽くすことのすばらしさについて，理解しています。

◇ 「○○」の学習で，グループでの話し合いを通して，家族の強い絆に気づき，家族のために働くことへの見方や考え方が変わりました。家族の幸せのためにできることは何かについて，友達の意見を取り入れて，考えを深めることができました。

◇ 「○○」の学習を通して，自分自身の中にある家族への敬愛の念について気づきました。「家族に感謝の気持ちを伝えることは，今すぐできることだ」という思いを強くもちました。

[よりよい学校生活，集団生活の充実]

◇ 「○○」の学習で，学級や学校などのために果たす責任について理解しました。とくに高学年としての自分の役割を自覚して行動することの大切さにも，考えを深めています。

◇ オリンピック日本代表についての教材で，学級もチームとして互いに強い信頼で結ばれていた方がよいことに気づき，学級のために働くことへの見方や考え方を深めることができました。

◇ 「○○」の学習で，よりよい学級をつくるためには互いに助け合うことが大切であることに気づきました。学級のために何ができるかを考え，行動しようとしています。

[伝統と文化の尊重，国や郷土を愛する態度]

◇ 「○○」の学習で，日本や地域に伝わる伝統や文化について理解しました。自分も伝統や文化を受け継ぎ発展させる担い手であると，自分の事としてとらえています。

◇　和食も伝統文化の一つとして世界に誇れるものだと気づきました。身近にある先人から引き継いできた文化に気づき，それを受け継ぎ発展させるためにできることは何かを話し合い，考えを深めています。

◇　地域の伝統行事について考える学習で，伝統を引き継いできた人々の努力を知ることができました。伝統を守るために，自分ができることを見つけ，行動しようとしています。

［国際理解，国際親善］

◇　「○○」の学習で，異なる文化を受け入れることの大切さに気づきました。他国の文化を尊重する国際親善についての思いを強くもちました。

◇　「なぜ戦争はなくならないのか」をテーマに討論会を行い，世界平和についてさまざまな立場から意見を出し合いました。相互に理解し受け入れるために必要なことは何か，友達の意見も取り入れながら，考えを深めました。

◇　UNHCR（国連難民高等弁務官事務所）の活動を知ることで，難民について理解を深めました。今の自分に何ができるかを考えるなど，進んでほかの国の人々とつながろうとする意欲を高めています。

D 主として生命や自然，崇高なものとの関わりに関すること

［生命の尊さ］

◇　「○○」の学習で，出産のVTRを視聴し生命に対する理解を深めました。自分はかけがえのない命を授かったのだという思いの高まりが見られました。

◇　「○○」の学習で，生命のつながりについて，さまざまな視点から考えを深めました。昔から続く生命のリレーのなかに，自分自身がいることに気づき，すべての生命も同じだと見方や考え方を深めています。

◇　パラリンピック選手の生き方を通して，生きることの意義について理解を深めました。今の自分にできることは何かを考え，積極的に取り組もうとしています。

[自然愛護]

◇　環境保全の教材を通して，自然環境と人との関わりについて理解を深めました。人間の力で自然を変えるだけでなく，自然に学ぶことも大切ではないかと気づくことができました。

◇　「○○」の学習で，人間と自然や動植物との共存について考えを深めました。共存するために自分に何ができるのか，さまざまな視点から意見をまとめました。

◇　「○○」の学習で，持続可能な社会をつくることが大切だと気づきました。便利さばかりにとらわれず，自分はどのような行動をとったらよいか，日常生活のなかで，できることを見つけようとしています。

[感動，畏敬の念]

◇　よみがえった大イチョウを教材として，自然の偉大さや美しさについて理解を深めました。日々の生活のなかで，美しいものや気高いものに感動するよさを実感しています。

◇　自然と人間の関わりについて考える学習で，自然は人間の力を超えた大きな存在であることを再認識しました。また，防災や環境問題など，さまざまな立場から考えることが大切だと，見方や考え方を広げています。

◇　「○○」の学習で，大自然がもつ美しさと，息をのむような雄大さを感じ取りました。今までの自分を振り返り，自分もその一部であるという思いを新たにしています。

[よりよく生きる喜び]

◇　「○○」の学習で，よりよく生きる喜びについて話し合いました。友達の意見も取り入れて，夢や希望をもって毎日を過ごすことが大切ではないかと気づくことができました。

◇　「○○」の学習で，貧しくても正直者でありたいという主人公の生き方に共感しました。主人公のような誇りのある生き方はどのようにすればできるのか，これまでの学習を振り返り，考えを深めています。

◇　自分のミスで試合に負けた物語を教材として，自分の弱さを乗り越える心の大切さに気づきました。仲間や経験が力になると知り，自分のこれからの生活に生かそうとしています。

第5章

総合的な学習の時間［領域・観点別］

1 現代的な諸課題に対応する横断的・総合的な課題

2 地域や学校の特色に応じた課題

3 児童の興味・関心に基づく課題

＊「総合所見」――学期の総合的な所見

総合所見

探究課題（例）

現代的な諸課題に対応する横断的・総合的な課題

国際理解
- 地域に暮らす外国人とその国の文化や価値観
- 外国人と交流を促進する活動や人々の思いや願い
- 日本と関わりの深い国とその国で活躍する人々やその活動

情報
- 情報化の進展と日常生活や社会の変化
- 確かな情報の集め方と発信
- 目的に合わせたインターネットの利用と人々

環境
- 身近な自然環境と環境問題
- 地域の生き物とその環境を守る取り組み
- 環境問題と町の自然を守る活動

福祉・健康
- 地域の高齢者と暮らしを支援する仕組みや人々
- 健康な生活とストレス社会
- 健康によい食品と開発の取り組み

地域や学校の特色に応じた課題
- 町づくりや地域活性化に取り組む人々や組織
- 地域の伝統や文化と継承に力を注ぐ人々
- 町の特産品を広める活動と支援する人々
- 災害と暮らしを守る取り組み

児童の興味・関心に基づく課題
- 実社会で働く姿と自分の将来
- ものづくりのおもしろさや工夫と生活の発展
- 生命の不思議さとすばらしさ
- ロボットづくりのおもしろさとそれに従事する人々

評価の言葉（例）

知識・技能
- 身につける
- 統合する
- 関連づける
- 新しい考えをもつ
- 学習のよさを理解する

思考・判断・表現
- 課題を設定する
- 解決のための方法を考える
- 方法を工夫する
- 計画を立てて，解決の見通しをもつ
- 論理的，多面的に考える
- 複数の情報を統合する
- まとめ，表現する

主体的に学習に取り組む態度
- 進んで○○する
- 他者と協力しながら問題を解決する
- 生き方に関連づけて考える
- よりよい生き方を考え実践する
- 自分の考えや意見を積極的に述べる
- 相手に応じた話し方をする
- 粘り強く取り組み，学習を調整する

◇　「日本と関わりの深い国」について調べる活動では，社会科で学んだことをもとに国際連合とユニセフを関連づけて，世界には平和の実現に力を尽くす人々が多くいることを知ることができました。

◇　「町の災害と暮らしを守る取り組み」について調べる学習では，町のために自分にできることを考えてポスターを作り，地域の施設に情報を発信する取り組みを進んで行うことができました。

◇　地域の環境問題の調べ学習で，集めた情報をもとにして友達と協力しながら，課題解決の方法を提案することができました。提案する際は，円グラフを用いてわかりやすい発表になるよう工夫しました。

◇　「昆虫オリンピック」の活動で，昆虫の跳ぶ力，物を引く力などをインターネットで調べ，体重当たりの記録に換算して比べました。この活動で，理科，算数，国語などの学力を総合的に活用することができました。

◇　空き缶のリサイクルについて，市役所の人のほか，再生工場の人などからも進んで話を聞いて資料をまとめました。また，そのほかのリサイクルにも視野を広げるなど，多面的に考える力が身につきました。

◇　環境を守ることと便利な暮らしの関係を，「今住んでいるところの昔の姿」を課題にして調べ，考えました。学習を通して環境保全と便利な生活との両面から判断することの難しさをとらえ，ものの見方が広がりました。

◇　遺伝子組み替え食品などについて調べた知識を生かし，安全な食材について，さまざまな視点から考えることができました。知識を生かし，論理的に考える力が向上しています。

◇　高齢化社会に関する資料がどこで得られるか，図書館やインターネットなどで確認してから課題を設定しました。そのことで解決の見通しがたち，計画通りに調べることができました。

1. 現代的な諸課題に対応する横断的・総合的な課題

(1) 知識・技能

▶所見のポイント

- 現代的な探究課題の解決を通して，他教科および総合的な学習の時間で習得した知識や技能を比較し関連づける
- 習得した知識や技能を比較し関連づけて，共通する部分を見つける
- 共通する部分から新しい考え（概念）をもつ

◇　地域に暮らす外国人の文化について，インタビューをして調べました。多くの人と関わることで，国籍に関係なく一人一人の思いには多様性があることに気づくことができました。

◇　「コマーシャルは消費者に有益か」というテーマで，グループごとに携帯電話とゲームを紹介するコマーシャルを作りました。それらのよさと課題を伝え合うなかで，情報について新しい見方ができました。

◇　川の汚れについて調べる活動をしました。きれいな川にしようと活動する人々と，その川の近くに暮らす自分たちには，責任という共通点があることに気づきました。

◇　「地域に暮らす高齢者とそれらを支援する町の仕組み」の学習では，地域に住む高齢者の人数を，算数の学習を生かして割合で表してまとめることができました。

◇　地域の野菜について，地産地消の取り組みを学習しました。そこから得た知識で，農家の方とその地域に暮らす自分たちは連携して生活することが大切だと気づきました。

(2) 思考・判断・表現　▶所見のポイント

- 現代的な課題に関して，探究する課題を設定する
- 解決のための方法を考える
- 集めた情報のなかから必要なものを選ぶ
- まとめたことを相手にわかりやすく伝える
- 集めた情報を比較したり関連づけたりして整理する

◇　ユニセフの募金活動に関わったことから，世界の子どもたちの生活に差があることに問題意識をもち，「子どもたちの生活に差があるのはなぜか」という課題を設定することができました。

◇　同じ課題を設定した友達と収集した情報を比べ，共通することとそれ以外のものを，表を使ってわかりやすく整理しました。情報をまとめ，精査する力がついています。

◇　学校から出るゴミを調べ，分別に課題があることがわかりました。アンケート調査を行った結果を全校に知らせたいという思いをもち，集会で発表を行いました。相手を意識して，わかりやすく伝えることができました。

◇　世界遺産に関する情報を，学校図書館の本を利用したりインターネットを検索したりして集めることができました。複数の情報を結びつけて内容をまとめる力が身についています。

◇　「町のバリアフリーマップづくり」に取り組みました。車いす体験やアイマスクを使った体験をし，普段の生活ではわからない危険や不便さに気づくことができました。物事を多面的にとらえる力が育っています。

(3) 主体的に学習に取り組む態度　▶所見のポイント

- 現代的な探究課題の解決を通して，自分のよさや成長に気づく
- 粘り強く取り組み，学習を調整する
- 自分の考えを積極的に述べる
- 友達と同じ目標に向かって協力して取り組む
- 学んだことをもとにして，よりよい社会をめざして自分にできることを行う

◇　飢餓に苦しむ国々を調べたことから，その国の子どもたちと現在の自分の状況を関連づけて考えることができました。また，学校のユニセフ募金にいっそう真剣に協力しようとし，友達にも呼びかけました。

◇　一つの事柄について，複数の新聞を読んで比較する活動に取り組みました。これまでの学習を振り返り，一面的に情報を収集することの不正確さ，多面的に事柄をとらえることの大切さに気づき，今後の学習に生かそうとしています。

◇　電子メールを使った調べ活動をするとき，受け取る相手の立場に立って考えて，礼儀正しくコミュニケーションを取ることができました。学習したことを自分の生活に生かそうとする態度が見られます。

◇　市の環境課での聞き取り調査で，自分の知りたいことをはっきり尋ねて的確なアドバイスをもらうことができました。話のなかでわからないことについてもきちんと伝え，自分の考えを積極的に述べました。

◇　地域に住む高齢者から，「子どものころの遊びと健康」について話を聞きました。自然のなかで走り回っていた昔の遊びと自分の遊びとを比較して，自分の今の生活について見つめ直すことができました。

2. 地域や学校の特色に応じた課題

(1) 知識・技能

▶所見のポイント

- 地域に関わる探究課題の解決を通して，他教科および総合的な学習の時間で習得した知識や技能を比較し関連づける
- 習得した知識や技能を比較し関連づけて，共通する部分を見つける
- 共通する部分から新しい考え（概念）をもつ

◇ 地域の伝統を調べる活動で，伝統文化を継承する人々にインタビューをして，その人たちの思いや願いにふれました。多くの人の思いや願いを知り，伝統が引き継がれていくことに連続性を見つけることができました。

◇ 地域の防災について調べました。ハザードマップから，自分たちの暮らす地域には，どのような備えが必要であるのかを考え，ポスターをまとめました。国語で学んだ効果的な書き方を思い出し，書きあげました。

◇ 地域の伝統的な工芸品を作る職人が減っていることを知り，大切に守っていきたいという思いをもちました。調べる活動を通して，工芸品を残していくためのアイデアや工夫があることを知ることができました。

◇ 地域の人に「町の自慢」をインタビューし，その結果をグラフに整理しました。発表するときに，友達にもわかりやすいようにまとめ方を工夫することができました。

◇ 地域の自慢の食材を多くの人に知ってもらいたいという課題をもち，学習に取り組みました。家庭科で学んだことをもとにして，地域の食材を使った彩り豊かでバランスのよいメニューを考えることができました。

(2) 思考・判断・表現

▶所見のポイント

- 地域に関わる探究課題を設定する
- 解決のための方法を考える
- 集めた情報のなかから必要なものを選ぶ
- まとめたことを相手にわかりやすく伝える
- 集めた情報を比較したり関連づけたりして整理する

◇ 「地域の行事を100年先まで残したい」という活動の目的を明確にし，自分で課題を設定することができました。課題の解決に見通しをもって活動に取り組みました。

◇ どのような学校にしたいか全校でアンケート調査を行いました。校庭の池に生き物が集まるような自然豊かな学校にしたいという願いをもとにして，自分で課題を設定することができました。

◇ 「町の商店街調べ」の学習で，店の人々から集めた情報を，表を使って整理しました。整理する活動を通して，商店街の人々の願いは地域活性化にあることに気づきました。

◇ 「町おこし」について調べる学習で，それに従事する人々の思いを知りました。そのことを友達に知ってもらいたいという願いから，集会のなかで調べてわかったことをわかりやすく伝えることができました。

◇ 郷土の伝統芸能についてのテーマを設定し，資料館へ行って情報を収集しました。集めた情報を整理する活動を通して，郷土の伝統芸能は江戸時代との関係が深いことを発見することができました。

(3) 主体的に学習に取り組む態度　▶所見のポイント

- 地域に関わる探究課題の解決を通して，自分のよさや成長に気づく
- 粘り強く取り組み，学習を調整する
- 自分の考えを積極的に述べる
- 友達と同じ目標に向かって協力して取り組む
- 学んだことをもとにして，よりよい社会をめざして自分にできることを行う

◇　地域の祭りについて調べる活動で，そこに暮らす高齢者や町会の人にインタビューをして情報を収集しました。情報を整理するときには，友達の意見を受け入れながら考え，より工夫することができました。

◇　「地域の災害調べ」の学習で，地域の特徴をとらえ，起こりうる災害を市役所の方に聞きました。その話をもとに，自分たちにできる備えを考え，これからの生活に生かしていこうという思いをもちました。

◇　地域の農家の人の話をきっかけに有機栽培に関心をもち，ミミズやコンポストを使って土づくりをする活動に継続的に取り組みました。主体的に取り組む力が向上しています。

◇　地域の伝統文化とそれを継承する人々をグループで調べました。お互いの考えのよいところを生かし合おうと，粘り強く取り組みながら協力してまとめあげ，発表することができました。

◇　地域の特産品を世界に広める活動をしている人々を調べる学習で，人々に共通する「郷土を愛する心」にふれました。郷土についてもっと知りたいと考えるようになり，積極的に学習に取り組んでいます。

3. 児童の興味・関心に基づく課題

(1) 知識・技能

▶所見のポイント

- 興味・関心に基づく探究課題の解決を通して，他教科および総合的な学習の時間で習得した知識や技能を比較し関連づける
- 習得した知識や技能を比較し関連づけて，共通する部分を見つける
- 共通する部分から新しい考え（概念）をもつ

◇　社会科で学んだ歴史上の人物が，自分の住む町と深い関わりがあると知り課題を設定しました。その人物の好物を，これまでに得た情報と地域の特産品とを結びつけて考えることができました。

◇　社会科見学で行った自動車工場での学習に興味をもち，ものづくりについて調べました。自動車づくりにもプログラミングの原理が活用されていることを知ることができました。

◇　公園の池にいる生物を調べ，そこには在来種と外来種が共存していることを知りました。在来種が絶滅の危機にあるという知識をもとに，在来種が生きていくことのできる池づくりを課題に設定しました。

◇　以前に学習した地産地消の考えから，地元の食材のよさをより多くの人に知ってもらうために活動をしました。活動を通して，互いに支え合い生きていくことの大切さに気づきました。

◇　清掃工場の見学をきっかけに，ものの再利用について調べました。捨てる前にもう一度考えてほしいと校内に呼びかけ，「○○小フリーマーケット」開催の計画を立てました。

(2) 思考・判断・表現

▶所見のポイント

- 興味・関心に基づく，探究する課題を設定する
- 解決のための方法を考える
- 集めた情報のなかから必要なものを選ぶ
- まとめたことを相手にわかりやすく伝える
- 集めた情報を比較したり関連づけたりして整理する

◇　「世界各国の料理調べ」の学習では，本やインターネットだけでなく，実際にお店に行って作り方を聞くなど，さまざまな方法で情報を収集しました。情報の集め方が身についています。

◇　「将来就きたい仕事調べ」の学習では，実際に現場に出向き，そこで働いている人にインタビューをして情報を集めました。本で調べたことと合わせて，わかりやすくまとめて，友達に発表することができました。

◇　「職業調べ」というテーマを設定する際に，学校のみんなにアンケートに答えてもらうという見通しをもって取り組むことができました。課題を設定する力が向上しています。

◇　職業体験を通して出されたグループの考えを整理して，調べる内容や方法を考えたうえで，グループの課題の設定に協力しました。課題について探究するなかで，多数の情報を整理しまとめることができました。

◇　地域を支える仕事とそれを支える人々について，調べたい項目を整理し，本やインタビューで学習を進めました。見通しをもって計画を立て，集めた情報を整理して活用する力が身についています。

(3) 主体的に学習に取り組む態度 ▶所見のポイント

- 興味・関心に基づく探究課題の解決を通して，自分のよさや成長に気づく
- 粘り強く取り組み，学習を調整する
- 自分の考えを積極的に述べる
- 友達と同じ目標に向かって協力して取り組む
- 学んだことをもとにして，よりよい社会をめざして自分にできることを行う

◇ 「○○小マスコットキャラクターを作ろう」で，校内の児童や先生，地域の人々などにアンケートをとって，キャラクターの案を集めました。みんなの思いを大切にしたキャラクターを考案することができました。

◇ 進学する中学校の生徒に来てもらい，学校のきまりや特色について話を聞く活動をしました。相手の立場になって話を聞いたり，質問したりする態度が育っています。

◇ 町を紹介する方法としてビデオ制作を提案し，企画から撮影・編集まで積極的に活動することができました。課題を解決するために途中で何度も振り返り，よりよい方法を選択しながら活動しようとする力が育ちました。

◇ 公園のごみを解決する活動で，公園を使う人々の様子や考えを調べました。自分たちで解決したいという思いから，「ごみの持ち帰り」をしてもらう方法を考え，市役所の公園課と協力して実行する計画を立てました。

◇ 最高学年への進級に向けて必要な準備を調べました。下級生との関わり方や，委員長としての振る舞いなど，これまでの6年生が大切にしてきたことを知り，進級する友達と協力していきたいと発表しました。

第6章

特別活動［領域・観点別］

1 学級活動
2 児童会活動
3 クラブ活動
4 学校行事

＊凡例
- 知 知識・技能
- 思 思考・判断・表現
- 主 主体的に学習に取り組む態度

1. 学級活動

1. 学級や学校における生活づくりへの参画

(1) 学級や学校における生活上の諸問題の解決 ▶所見のポイント

- 学級生活の充実と向上をめざして，さまざまな意見をまとめる知
- 大勢の人の意見を聞き，よりよい解決方法を考える思
- 学級の目標を達成するための活動を考え，友達と協力して実践する主

◇ 学級活動の話し合いで，司会を務めることができました。計画に沿って時間配分を考え，話題についていろいろな面からの意見が出るように工夫しました。それらを整理してまとめ，問題の解決に力を尽くしました。知

◇ 学級生活の全体を考え，問題点をとらえて，話し合い活動の議題に提案することができました。話し合いでは，お互いの考えのよい点を採用して，新しい意見を組み立てました。思

◇ 話し合い活動では，学級の目標を意識して自分の言葉で建設的な意見を発表しました。みんなが納得し，よりよい合意形成ができるよう，工夫することができました。主

(2) 学級内の組織づくりや役割の自覚 ▶所見のポイント

- 学級の一員として仕事を受けもつ意味を理解している知
- 係の仕事を工夫し，継続的にやり遂げる思
- 係の仲間と協力しながら仕事をする主

◇ ミュージック係として，朝の会で歌う歌の選定や声かけを行いました。みんなが知っている歌や明るい気持ちになれる歌を選び，一日の生活が気持ちよく始められるよう活動を工夫しました。知

◇ 掲示係のリーダーとして，教室の掲示板を学級生活の向上につながるよう工夫しました。各係からのお知らせコーナーを新設し，情報交換に役立

つ活動を進めることができました。[思]

◇ 学級会の話し合いを円滑に進めるための計画委員会では，常に学級生活の向上を考え，みんなの意見が生かされるような工夫を考えて発言していました。[主]

(3) 学校における多様な集団の生活の向上

▶所見のポイント

- 通学を共にする異年齢グループのリーダーとして，責任を果たす[知]
- どの学年でも楽しめる活動を考え工夫する[思]
- 学校全体のことを考えて責任を果たす[主]

◇ 通学班のリーダーとして，低学年の子どもとの交流を通して，相手の気持ちを考え，共に学校生活を向上させることに力を尽くすことができました。高学年にふさわしい成長ぶりです。[知]

◇ 子ども祭り紹介集会では，学級の出し物を楽しく紹介しました。どんな出し物なのか，おもしろいところはどんなところか，低学年の子どもにもわかるように考え，劇仕立てで紹介しました。[思]

◇ 運動会のスローガンづくりでは，1年生から6年生までが一体となれるよう，わかりやすい言葉でがんばりたいことを発表していました。[主]

2. 日常の生活や学習への適応と自己の成長及び健康安全

(1) 基本的な生活習慣の形成

▶所見のポイント

- 場と相手にふさわしい言葉遣い，態度を身につけている[知]
- 相手を尊重する生活態度が育つ[思]
- 自分の生活上の課題に気づき，解決の方法を考え，実践する[主]

◇ 学校外の人から学ぶ機会が多くなり，相手に対して礼儀正しくすることを心がけて行動しました。適切な言葉遣いで親しみと敬意を表すことができ，高学年としてふさわしい態度が育っています。[知]

◇　話し合いやグループで行動するときなど，だれに対しても公平な態度で接しようとしていました。自分の考えと違う相手の話もよく聞いてから判断しようとしています。思

◇　「生活振り返り表」を見直し，自分の課題は何かを考えました。早寝早起きが大切だと気づき，そのために「10時までに寝る」という目標を立て，習慣づけしようとしています。主

(2) よりよい人間関係の形成　▶所見のポイント

- 友達のよいところを認める知
- 自分と異なる意見でも尊重して行動する思
- 友達と互いに信頼し合い，協力して活動する主

◇　係や掃除当番の活動などで，友達のよいところを発見する目が育ちました。目立たないところで一人でまじめに働く姿や，普段あまり発言しない人が話し合いで大事な一言を言う姿などを，帰りの会で発表しました。知

◇　学級の話し合いや委員会の相談に進んで参加し，積極的に意見を述べました。自分と立場の違う人の考えもよく聞き，多くの人の考えをまとめて修正した意見を発表できました。思

◇　学級会の集会活動ではバスケットボール大会実行委員になり，友達と協力して計画や準備に取り組みました。責任をもって分担した役割を果たし，みんなが楽しめる集会を実施することができました。主

(3) 心身ともに健康で安全な生活態度の形成　▶所見のポイント

- 自然災害や事故のときの行動の仕方がわかり，落ち着いて行動できる知
- けがや事故がないように必要なことを考え，きまりを守る思
- 規則正しい生活の大切さを理解し，健康的な生活を送る主

◇　毎月の避難訓練に，真剣な表情で参加しています。休み時間に地震が起きた設定の避難訓練では，下級生に声をかけながら素早く校庭の中央に集ま

るなど，適切に行動することができました。知

◇　交通事故の防止に努める態度が身につきました。学級活動の時間に自転車事故の原因について考え，自転車でも交通標識をよく見て運転することが大切だと実感していました。思

◇　「規則正しい生活」をテーマにした学級活動の時間に，早寝早起きをすると気持ちがよいという友達の体験を聞き，意識的に規則正しい生活を心がけるようになりました。主

(4) 食育の観点を踏まえた学校給食と望ましい食習慣の形成 ▶所見のポイント

- 栄養のバランスや食物アレルギー等の問題について理解している知
- 楽しく食事をするためにどうしたらよいかを考え，実践している思
- 健康によい食事のとり方を考え，実践している主

◇　家庭科で栄養素や食品の特徴を学び，給食献立表に関心をもって栄養のバランスを調べました。給食の時間では，食物アレルギーのある友達と安全に楽しく食事をするために，注意する点を守り食事をしています。知

◇　6年生とのお別れ給食会では，楽しく食事ができるように，飾り付けや司会，出し物などを工夫して下級生と分担して行い，6年生への感謝の気持ちを表しました。思

◇　給食指導により，健康な体づくりに望ましい食習慣が欠かせないことを十分理解しました。給食では，よくかんで食べる，好き嫌いをなくして残さず食べることなどを，いつも心がけています。主

3. 一人一人のキャリア形成と自己実現

(1) 現在や将来に希望や目標をもって生きる意欲や態度の形成 ▶所見のポイント

- 自分自身を見つめ，自分の目標をもつ知
- 先を見通した計画的な意見や自分の希望を語る思
- 学級目標実現のために，みんなで協働する主

◇　学級活動で互いの長所を見つけ合う活動をしたときに，自分では気づかなかった「寛容」という長所を自覚できました。長所を伸ばすとともに，短所を考えて気をつけようという目標を立てました。知

◇　個人のめあてを考える活動で，下級生の手本になり，何ごともがんばる6年生になりたいという目標を立てました。そのために努力することを具体的に決め，実践することができました。思

◇　学級の目標が達成できたか話し合ったとき，よくできた点ともう一息という点について，具体例を挙げて意見を述べました。自分のことだけでなく，学級全体の向上を考え行動しようとしています。主

(2) 社会参画意識の醸成や働くことの意義の理解 ▶所見のポイント

- 委員会活動や当番活動で，その責任や意義を自覚する知
- 地域のボランティア活動に参加し，工夫して活動する思
- 学校の美化をめざし，協力して掃除当番を行う主

◇　学校の観察園の栽培当番になったとき，観察に使う木や草花の世話を，当番の仲間と一緒に一生懸命にしました。任されたことに責任をもって働くことの大切さがわかっています。知

◇　地域のクリーン活動では，普段使っている公園の清掃に取り組み，進んで働きました。小さい子どもが安全に遊ぶことができるかを考え，姿勢を低くしてゴミや危険なものがないかどうか確かめていました。思

◇　掃除当番の班長として，当番のみんなが分担して仕事をするように，細かく気を配って活動しました。当番活動の仕事の意義を自覚し，みんなが協力できるように配慮していました。主

(3) 主体的な学習態度の形成と学校図書館等の活用　▶所見のポイント

- 見通しをもって学習に取り組む大切さがわかる知
- 学校図書館やICT機器を活用し，自分に合った学習方法を選ぶ思
- 好きな本と出合い，積極的に読書を楽しむ主

◇　学習の見通しや振り返りを通して，学習内容の理解が深まりました。見通しをもって進めることで，進んで学習に取り組むことができるようになっています。知

◇　学校図書館やICT機器を活用して調べ学習に取り組みました。集めた情報を取捨選択して，必要な情報を正しく判断することができています。思

◇　読書クラブの本の紹介や，読書会の活動を重ねるうちに，『○○』という本に出合ってものの見方，考え方が大きく変わり高まったようです。この経験から，読書することへの関心を高めています。主

2. 児童会活動

(1) 児童会の組織づくりと児童会活動の計画や運営　▶所見のポイント

- ○○委員会に所属して，学校の一員としての自覚をもって行動する知
- 児童会の全校ゲーム集会で，全校児童が共に楽しめる工夫をする思
- 児童会代表委員として，全校児童の学校生活の向上を考え，実践する主

◇　保健委員会の委員長として，養護教諭の指導を受けながら，手洗いの励行や教室の換気など，みんなが取り組めることを広めました。知

◇　昔遊び集会の実行委員となり，集会では学年ごとに調べた遊びをするように工夫し，どの学年の児童も楽しめる集会を成功させました。思

特別活動

◇　児童会代表委員として，学級の意向を踏まえながら全校児童の気持ちを反映し，学校生活の向上をめざしました。多くの人の意見がまとまるように考え実践しようとしていました。主

(2) 異年齢集団による交流

▶所見のポイント

- 学校の一員としての自覚をもって仕事を分担する知
- 創意工夫して，異学年の子ども同士が交流できる活動を行う思
- 委員会の友達と協力して，学校生活の向上のために活動する主

◇　集会委員として，全校児童が楽しめるような集会を計画し，運営しました。○○さんが考えた「名刺交換集会」では，1年生から6年生まで，さまざまな学年の友達と交流し，名前を教え合うことができました。知

◇　みんなに本を好きになってもらいたいという思いから，図書委員を希望しました。読書週間では，委員のおすすめ本を読んだ子どもたちが交流できるように感想を書くノートを提案し，実践できました。思

◇　児童会代表委員として，あいさつ運動に取り組みました。全校児童のあいさつを増やすために，あいさつソングを作ることを提案しました。音楽専科の教師と協力して完成させ，全校朝会で発表しました。主

(3) 学校行事への協力

▶所見のポイント

- 学校行事の意義を理解し，工夫して活動に取り組む知
- 他学年・他学級の友達と協力して活動する思
- 学校や学年の集会について，計画や運営を進んで行う主

◇　学芸会では，幕間係として演目の間の休憩時間にゲームやクイズを行いました。声の大きさや抑揚，全体を引き付ける話し方など，集会委員での経験が生かされていました。知

◇　運動委員会委員長として，運動会の準備運動や全校ダンスの模範演技を行いました。どうしたらみんなのお手本となれるかと考え，ほかの運動委

員と自主練習をして，本番では堂々と演技できました。恩

◇ 移動教室のキャンプファイヤーでは，代表委員と協力して計画・運営を行いました。事前にアンケートをとり，ゲームや歌など，みんながやりたいことを生かしたプログラムを行うことができました。主

3. クラブ活動

(1) クラブの組織づくりとクラブ活動の計画や運営 ▶所見のポイント

- クラブ員の意見をよく聞き，活動の計画を立てる知
- 安全に気をつけ，友達と協力して運営する恩
- 異学年の集団をまとめ，分担して仕事を行う主

◇ ダンスクラブのクラブ長として，下級生をまとめ，楽しく活動できました。2月のクラブ発表会に向けて，曲の選定や振り付けなど必要なことを話し合い，1年間の見通しをもった活動計画を立てられました。知

◇ 料理クラブでは，高学年として材料の準備から係分担までを下級生に教えながら進めました。調理に慣れていない下級生の安全に気を配り，みんなで楽しく活動することができました。恩

◇ 卓球クラブのクラブ長として，用具の準備，練習，ゲームなどを計画的に行うようクラブ員をまとめました。全員が個性を生かして活動できるように，クラブ長としてリーダーシップを発揮していました。主

(2) クラブを楽しむ活動 ▶所見のポイント

- 友達と協力して活動し，そのなかで気づいた友達のよさを伝え合う知
- 作戦や練習を自分たちで考え，技術を高める恩
- クラブ活動に興味と関心をもって取り組む主

◇ バドミントンクラブに所属し，バトミントンが好きな仲間と交流することを楽しみました。経験の浅い下級生に打ち方のこつを教え，上達を自分

特別活動

のことのように喜んでいました。知

◇　バレーボールクラブの活動で，新しい技術を身につけようと学校図書館で借りた本や動画を見て練習方法を考え，取り組みました。試合では新しく身につけた打ち方を試し，楽しんでいました。思

◇　科学クラブで，興味をもった課題を選んで実験を行いました。安全面への配慮についてアドバイスしたところ，友達と協力して安全のためのマニュアルをまとめ，クラブ員全体に注意を促すことができました。主

(3) クラブの成果の発表　▶所見のポイント

- 発表会のもち方がわかる知
- 発表をめざし，成果を工夫してまとめる思
- 発表会で役割を分担し，積極的に表現する主

◇　演劇クラブの発表の準備では，台本の選定や配役について，一人一人の思いを尊重して話し合うように配慮していました。クラブ長としてみんなが納得して活動できるようにまとめられました。知

◇　読書クラブで，好きな本の感想文を１冊の本にまとめる活動に取り組みました。完成した本を学校図書館に置き，みんなが休み時間に読めるようにするなどの積極的な提案をしました。思

◇　器楽クラブの発表で，率先して練習に取り組み，みんなと力を合わせて演奏を成功させ，達成感を味わうことができました。主

4. 学校行事

(1) 儀式的行事　▶所見のポイント

- 儀式の目的や意味を理解している知
- 儀式の目的や意味を考え，ふさわしい気持ちで参加する思
- 儀式を味わい，これからの生活に生かそうとする主

◇ 入学式では，児童代表として歓迎の言葉を述べました。式のあとで，新入生から「学校が楽しそう」との感想が寄せられました。学校生活の楽しさを伝える気持ちのこもった話ができました。知

◇ 離任式で転出する教師に感謝の言葉を贈りました。感謝の気持ちを伝えたいという目的に沿って気持ちのこもった原稿を書き，それをもとにして心をこめて話すことができました。思

◇ 開校記念式典では，児童代表として呼びかけを披露しました。厳粛な雰囲気を味わい，先輩方から受け継いだ学校の伝統を守り，発展させていきたいという気持ちを堂々と発表することができました。主

(2) 文化的行事

▶所見のポイント

- 学習成果を生かすことがわかる知
- 美しいもの，よりよいものをつくりだす喜びを感じ取る思
- 自分や他者の成長を認め，さらに伸ばそうとする主

◇ 学習発表会の朗読劇では，感情をこめて朗読しました。国語の授業で学習したことを生かして，登場人物の心情を深く考え，表現の仕方を工夫することができました。知

◇ 学芸会の劇の道具係として，脚本のテーマに合った道具を作ることに力を尽くしました。同じ係の友達と協力して何回もやり直し，自分たちが納得できるものを作り上げることができました。思

◇ 音楽発表会では，学級のみんなとともにより美しい合唱を発表したいという気持ちで練習しました。その気持ちと努力が報いられ，みんなと一緒に喜び合いました。貴重な経験が自信につながっています。主

(3) 健康安全・体育的行事

▶所見のポイント

- 非常時に身を守ることの意義がわかり，行動の仕方を身につける知
- 自分の発育や健康状態に関心をもち，心身の健康の増進に努める思
- 運動に親しみ，体力の向上に積極的に取り組む主

◇　毎月の防災訓練で，回を重ねるごとに意義についての理解が深まりました。連絡の放送を確実に聞き取り，出火場所や避難経路の指示に従って敏速に行動することができました。知

◇　スポーツテストでは，昨年度の自分の記録と比較しながら，それぞれの種目に取り組みました。自分の１年間の成長や課題に気づき，これからどのような運動に取り組んでいきたいか，考えることができました。思

◇　校内長縄大会に向けて，積極的に練習に取り組みました。週１回の練習だけでなく，休み時間に友達を誘って自主練習を行い，友達とアドバイスしあって技術の向上を図ることができました。主

(4) 遠足・集団宿泊的行事

▶所見のポイント

- 校外での集団生活のあり方を理解し，公衆道徳を身につける知
- 互いを尊重し，信頼しあって集団生活を体験する思
- 自然や文化などに関心をもち，さまざまな活動に積極的に取り組む主

◇　校外での行動の仕方を理解しています。遠足のとき，ホームで電車を待つときの態度や，電車の中での周囲の乗客に対する気配りなどに，望ましい公衆道徳が身についていることが表れていました。知

◇　宿泊学習で，生活班の班長として班をまとめることができました。○○さんが進んで友達の仕事を手伝う姿を見て，みんなが積極的に助け合うようになり，気持ちよく３日間過ごすことができていました。思

◇　移動教室のレクリエーション係として，みんなで楽しい思い出がつくれ

るようにアンケートで意見を聞きました。一人一人の意見を大切にし，自然や文化にふれながら楽しめる工夫をしました。[主]

(5) 勤労生産・奉仕的行事

▶所見のポイント

- 働くことの価値や必要性を理解する[知]
- 進んでほかの人に奉仕しようとする気持ちをもつ[思]
- 自分ができることを見つけ，積極的に働く[主]

◇　年度末の大掃除で，「美しい教室をバトンタッチしよう」というめあてのとおり，細かいところまで気を配りきれいにしました。あとに教室を使う後輩のために清掃することの大切さを理解しています。[知]

◇　地域の高齢者との交流会で，高齢者に進んで関わり，熱心に話を聞いたり，お手伝いをしたりしました。人に喜ばれることを考え，実践したいという気持ちが育ちました。[思]

◇　卒業に向けた校内清掃活動に進んで取り組みました。楽しく過ごした学校に恩返しをしたいという気持ちをもち，窓の桟やロッカーの後ろなど，普段清掃できない所までていねいに雑巾がけをしていました。[主]

特別活動

第7章

学校生活の様子 [指導要録「行動」の項目別]

1 基本的な生活習慣
2 健康・体力の向上
3 自主・自律
4 責任感
5 創意工夫
6 思いやり・協力
7 生命尊重・自然愛護
8 勤労・奉仕
9 公正・公平
10 公共心・公徳心

(1) 基本的な生活習慣　▶所見のポイント

- 自他の安全に努める
- 礼儀正しく行動する
- 節度を守り節制に心掛ける

◇　廊下や階段で右側通行することをしっかりと守りながら，守れていない人に「気をつけよう」と声かけをしていました。自分だけでなく，みんなの安全にも気を配ることができました。

◇　職員室にいる専科の教師に翌週の持ち物を確認しに来たとき，ノックをし名乗ったうえで，だれに用があるかを正しい言葉遣いで伝えることができました。礼儀正しく行動する面が成長しました。

◇　自分の役割になっていなくても，清掃が終わったあとに次に使う人の安全や使いやすさを考えて，掃除用具入れの中を整理整頓していました。

◇　どんなに楽しい時であっても，すべきことをしなくてはいけない場面になると，気持ちをいち早く切り替え，周囲の友達にも声をかけながら行動することができています。

(2) 健康・体力の向上　▶所見のポイント

- 心身の健康の保持増進と体力の向上に努める
- 元気に生活する

◇　朝登校し身の回りの準備を終えると，すぐに校庭に出て朝遊びをしていました。体力をつけようと，マラソンやなわとびにも積極的に取り組んでいました。

◇　マスクをきちんと着用し，教室の換気にも気を配っていました。屋外での活動のあとには必ず手洗いとうがいをするなど，自分の健康管理を意識して確実に行う態度が認められます。

◇　学校生活で課題に直面したとき，困ったり悩んだりする前に友達と助け合ったり，教師に素直に相談したりして，上手に気分転換を図るなど，明るく元気に生活し，心の健康を保とうと努めています。

◇　体育の保健で「心身の健康」を学習したことをきっかけに，体の健康とともに心の健康も大切にしたいと考えるようになりました。運動だけでなく，読書や友達との会話も楽しむことで，元気に生活しています。

(3) 自主・自律　▶所見のポイント

- 夢や希望をもって，より高い目標を立てる
- 課題に根気強く取り組み，努力する

◇　代表委員会の委員長として，学校全体の課題は何かを考え，行動しようとする面が向上しています。課題を改善するための取り組みを計画し，その解決のために最後まで努力することができました。

◇　総合的な学習で，世界遺産調べの学習をきっかけに，将来の夢として，観光業の仕事に強い興味をもったようです。世界に目を向ける広い視野をもちたいというめあてをもち，主体的に考える力が身につきました。

◇　学習・生活の両面において，適切に判断し行動する力が向上しました。自分でよく考えたり友達に相談したりしたうえで，自分が決めたことに責任をもつという自主的，自律的な態度が認められます。

◇　科学クラブの部長として，めあてを決めて運営に努めました。実験をするなかで感じた疑問を学年を超えてみんなで話し合い，理科の資質・能力を向上させるというめあてに，楽しく取り組むことができました。

(4) 責任感　▶所見のポイント

- 自分の役割と責任を自覚する
- 信頼される行動をする

◇　班長として，給食や清掃ではいつも先を見通して時間を守りながら確実に準備を進めることができました。全体のことを考えた行動と実践によって友達の信頼を得ました。

◇　1年生のお世話係として，登校後に身の回りの支度をどうやれば短い時間でできるのかを，実際にやってみせながらわかりやすく説明しました。自分の役割と責任を自覚した行動をすることができました。

◇　宿泊行事の生活班で副班長を務めた際には，班長をサポートしようと，進んで協調的に行動することで手本を示していました。班の全員が目的に向かって力を合わせられるよう，努力していました。

◇　計画委員に選ばれ，学校全体の行事の計画と運営に力を尽くしました。限られた時間の中で的確に司会進行の役割などを務める姿に，多くの人からの信頼を得ていました。

(5) 創意工夫

▶所見のポイント

- 進んで新しい考えや方法を求める
- 工夫して生活をよりよくしようとする

◇　図書委員長として，本に関心をもってもらおうと，各学年の年齢にふさわしい図書を選び，休み時間に読み聞かせタイムを実施しました。読み方の練習も繰り返し，みんなが楽しめる工夫ができました。

◇　園芸委員会に所属し，花壇の花に興味と愛着をもってもらうために，さまざまな標語を作って花壇に掲示してはどうかとアイデアを出しました。全校児童の植物への興味と優しさを高める工夫ができました。

◇　新聞係の活動として，みんなが関心を示しそうなテーマについて事前にアンケートをとり，トップ記事として毎号掲載し，みんなが楽しみに発行を待つ新聞づくりができました。

◇　生活当番として，下駄箱やロッカーの整理整頓を全員が心掛けて生活できるよう，帰りの会で状況報告を欠かさずに行いました。みんなで取り組める改善案を提示し，学級全体の意識を高めることができました。

(6) 思いやり・協力　▶所見のポイント

- 思いやりと感謝の心をもつ
- 異なる意見や立場を尊重する
- 力を合わせて集団生活の向上に努める

◇　学習・生活両面において，みんなと協力しようとする態度が育ちました。自分の考えをていねいに伝え，友達の考えにも耳を傾けて理解を深めたり，友達の気持ちを大事にして助け合ったりすることができました。

◇　学級や学年で一つのことに決める話し合いでは，自分の考えだけを押しつけず，反対の立場の意見もよく聞き，広い心で自分と異なる意見や立場を大切にしようと努力していました。

◇　卒業までを見通して，学校全体をきれいにしようという，年間を通した計画に，心をこめて協力しています。美しい校舎や校庭を残してくれた先輩への感謝の気持ちと，後輩への思いやりがうかがえます。

◇　児童会新聞の編集長として，新聞委員会のみんなで協力し，学校生活の向上に役立つ新聞を作ろうと努力しました。学年，クラブ，委員会などの情報を伝え，互いに理解し合うことに貢献しました。

(7) 生命尊重・自然愛護　▶所見のポイント

- 自他の生命を大切にする
- 自然を愛護する

◇　道徳で読んだ教材に感銘を受けたと話し，自他の命の大切さを深く考えようとする態度が育っています。毎日の給食でも生き物の大切な命を「ありがたくいただく」気持ちをもち，残菜を減らそうと努力しています。

◇　地域の「雑木林を守る会」の活動に進んで参加し，枯れ木や笹を取り除くなどの仕事をしました。総合的な学習で，川に生き物を誘う試みにも熱心に取り組み，高学年にふさわしい自然愛護の精神が育っています。

◇　花壇のヒマワリに低学年の子がボールをぶつけてしまい茎が折れかかったとき，支柱を探して添え木とし，草花にも大切な命があることを真剣に伝えていました。自然や生命を大事にする心が表れた行動です。

◇　社会科の環境問題の学習をきっかけに，地球温暖化を進行させないために身近なことから始めようと考え，地球環境を守るポスターを作って掲示するなど，自然や生命を尊重する気持ちが高まりました。

(8) 勤労・奉仕

▶所見のポイント

- 働くことの意義を理解する
- 人や社会の役に立つことを考える
- 進んで仕事や奉仕活動をする

◇　決まった所の掃除を確実に終えたあと，さらに汚れている所はないか友達と一緒に探してきれいにする姿が見られました。自分から進んで掃除をしようとする意欲が高まっています。

◇　縦割り班での掃除週間では，下級生に掃除の方法や注意点を教えながら活動しました。「自分たちの使う学校だから自分たちできれいにしようね」と声をかけ，働く意義についても優しく話すことができました。

◇　給食後に廊下の端に集められた他の学級の給食ワゴンを見て，食器片づけの乱れを直したり，牛乳パックのまとまりを整えたりして，調理員や栄養士の方に大変喜ばれました。進んで奉仕する心が育ちました。

◇　体育館舞台下のパイプいす置き場を掃除する活動で，服が汚れることも気にせず一生懸命に働きました。人目につかない場所でも，きれいにすると気持ちがよくなると日記に書いています。心をこめて仕事をする態度が認められます。

(9) 公正・公平

▶所見のポイント

- だれに対しても差別をすることや偏見をもつことなく，正義を大切にする
- 公正・公平に行動する

◇　話し合いの場面で，だれの意見だからということではなく，考えそのものを公平に判断しようとする面が伸びました。どんな意見に対しても真剣に判断し，自分の考えに生かそうとしました。

◇　帰りの会でその日のMVPを発表するコーナーでは，がんばっているのに目立たない友達をMVPに推薦していました。だれに対しても公平・公正に接する態度が，いっそう向上しました。

◇　公平に接する態度が育っています。特に，自分が多数派に属するときには少数派の友達の意見を尊重することが理解し合える近道だと考え，感情にとらわれずに正義を大切にしようとする言動が多く見られました。

◇　グループや学級のまとまりを大切に考え，行動しています。もめごとがあると双方の間をつなぐ行動を落ち着いてしていました。公正な判断力と正義感がみんなに認められています。

(10) 公共心・公徳心

▶所見のポイント

- 規則を尊重する
- 公徳を大切にするとともに，郷土や日本の文化や伝統を大切にする
- 学校や人々の役に立つことを進んでする

◇　学校や学級のきまりを進んで守り，けじめのある生活をしました。社会生活や集団生活のきまりを守ることの必要性を理解して，それに基づいて行動することができました。

◇　忘れ物をしたときはいち早く正直に報告に来て，次からは自分なりにしっかりと対策を心掛けたことで，忘れ物がなくなりました。生活をよくするための行動が身についています。

◇　能について学ぶ出前授業を受けたときに，学年全体の前でのお手本役を進んで引き受けました。日本の文化や伝統のよさを感じ取り，これからも大切にしたいという気持ちが豊かになりました。

◇　就学時健康診断では，新１年生の案内係として少しでも不安を取り除こうと，終始笑顔で新１年生と接しました。学校や人々のために役立つことをしたいと考え，進んで役割を果たそうとしています。

編著者

田中耕治…………佛教大学教育学部教授・京都大学名誉教授
（執筆担当：はじめに・第１部解説編第１章）

執筆者

赤沢真世…………佛教大学教育学部准教授
浅井正秀…………東京都葛飾区教育委員会学校経営アドバイザー
天野詩朗…………東京都江戸川区立清新第一小学校主任教諭
大木めぐみ………東京都葛飾区立北野小学校主任教諭
小川和美…………東京都葛飾区小中一貫教育校高砂けやき学園
葛飾区立高砂小学校校長
尾高正浩…………千葉県千葉市立轟町小学校校長
桂　大輔…………東京都葛飾区立木根川小学校主幹教諭
木間東平…………東京都葛飾区立柴又小学校校長
柴田さきえ………東京都中野区立桃園第二小学校主任教諭
清水佳美…………東京都葛飾区立花の木小学校主任教諭
滝谷晃彦…………東京都葛飾区立住吉小学校校長
中村　圭…………東京都葛飾区立東水元小学校主幹教諭
西垣恭子…………東京都墨田区立東吾嬬小学校主任教諭
鋒山智子…………社会福祉法人花ノ木児童発達支援センター副センター長
矢島好日子………元東京都多摩市立豊ヶ丘小学校校長
渡邊梨恵…………東京都葛飾区立中青戸小学校指導教諭

（執筆担当：第２部第２章〜第７章）
＊五十音順

編著者紹介

田中耕治（たなか こうじ）

佛教大学教育学部教授，京都大学名誉教授
日本教育方法学会理事，日本カリキュラム学会理事，日本教育学会近畿地区理事
主な著書に，『学力評価論の新たな地平』(1999 年)，『指導要録の改訂と学力問題』(2002 年)〈以上，三学出版〉，『教育評価の未来を拓く』(編著，2003 年)，『よくわかる教育評価』(編著，2005 年)『戦後日本教育方法論史』上・下（編著，2017 年)〈以上，ミネルヴァ書房〉，『教育評価』(岩波書店，2008 年)，『新しい教育評価の理論と方法』Ⅰ・Ⅱ（編著，2002 年)，『学力と評価の“今”を読みとく』(2004 年)，『時代を拓いた教師たち』Ⅰ・Ⅱ（編著，2005 年，2009 年)，『新しい「評価のあり方」を拓く』(2010 年)，『グローバル化時代の教育評価改革』(編著，2016 年)，『教育評価研究の回顧と展望』(2017 年)，『小学校 新指導要録改訂のポイント』(編著，2019 年)〈以上，日本標準〉など多数

新3観点　保護者の信頼を得る
通知表所見の書き方＆文例集　小学校 高学年

2020 年 7 月 15 日　第 1 刷発行
2023 年 6 月 25 日　第 3 刷発行

編著者　田中耕治
発行者　河野晋三
発行所　株式会社 日本標準
〒 350-1221　埼玉県日高市下大谷沢 91-5
電話：04-2935-4671　FAX：050-3737-8750
URL：https://www.nipponhyojun.co.jp/

印刷・製本　株式会社 リーブルテック

ISBN 978-4-8208-0696-7

Printed in Japan